管理研究方法丛书

Research Methods



# 质性研究
## ——基于R

◎ [印度尼西亚] 蔡振荣（Yanto Chandra）
◎ 商靓 著
◎ 徐敏亚 译

# Qualitative Research Using R: A Systematic Approach

中国人民大学出版社
· 北 京 ·

# 推荐序 Qualitative Research Using R

几年前，我面临一个永远困扰质性研究者的问题：如何使归纳研究具有“质性的严谨性”，同时又能保持其产生启示性见解的强大力量？我在尝试发表质性研究文章的过程中感到沮丧，因为审稿人似乎并不理解我所要做的事情。因此，我在思考是否有可能开发出一种系统化的方法来进行质性研究，使审稿人、编辑和感兴趣的读者相信我的结论不仅是有见地的，而且是可信的、可辩护的，并植根于令人信服的数据中。当然，我希望保持甚至加强质性研究的强大的历史魅力：发现新概念、揭示深层结构和过程、培养新的观察方式等。

我还想开发一些方法来反驳那种认为质性研究过于印象主义和建立在渺小的经验基础上的看法（当时往往是准确的）。此外，我还想让真正经历过某种现象的人发声，而不是进一步强化研究者具有某种理论上的全能的幻想。在我看来，在组织中做事的人通常都是知识渊博的（我知道这些是因为我曾经是那些在著名组织中做重要事情的人之一），他们通常很清楚自己在做什么、如何做、为什么要做，而且他们通常能用通俗易懂的语言向知识分子解释。也许最重要的是，我希望能够对他们的经验产生扎根的理论解释——这些解释是建立在可证明的数据与理论的联系之上的，这样我就可以向怀疑者证明我知道自己在说什么，这是我的一个大梦想也是大希望。

为了实现这些雄心勃勃的目标，我们这些学者都在寻找让读者相信我们工作价值的方法，要么是用令人信服的数据，要么是用有说服力的语言（最好两者都用）。我的问题是：能否开发出一种方法，不仅能指导我的研究，还能让读者相信我的发现是可信的、是以可验证的证据为基础的？在某种实际层面上，我还想避免可怕的蔑视拒绝（Rejection with Scorn，RwS），这种情况经常伴随着主编的训词出现，即要求展示你的论断的证据，并更好地证明你的数据与理论的联系。

为了实现这些宏伟的目标，并解决审稿人和编辑长期以来关注的问题，我的做法是既提出一阶说明（足以满足信息提供者的意义），又提出二阶说明（足以满足研究者和理论家的意义）。按照我的做法，这一过程产生了一个“数据结构”，显示了所有必要的数据与理论的联系，作为撰写结果叙述的基础，并为扎根过程模型奠定基础。

早期，我通过大量索引卡、带有颜色标记的便利贴和无数的类别系统来处理和分析文本数据。我经常会占领会议室好几天，这样我可以将所有的东西摆放在一张巨大的桌子上，并且站在桌子上，以查看复杂而混乱的数据世界的全景。这是极其乏味的，但也是获得启示的必要途径。几年后，当诸如 NVivo，ATLAS. ti 和 MaxQDA 的质性数据分析程序问世后，模式建立和相似/差异分析的任务可以通过这些软件来简化。我要感谢那些使研究工作变得不那么疲倦的专家。

现在，两位当代学者蔡振荣和商靓的出现使质性分析的世界变得更容易驾驭。他们的方法更能帮助那些计划周密的、不堪重负的质性研究者。他们增强了我多年来一直在开发的方法，将现代技术应用于数据处理和证据生成方面，从而为人类独特的创造力和洞察力腾出了更多的大脑空间。

本书是将我的质性研究方法与计算机辅助质性数据分析软件以及在R语言中运行的计算平台RQDA（免费！）相结合的重要论述。本书提供了按部就班的指导和展示，使您可以成为质性研究高手。即使您忘记了如何计算，也不用担心，蔡振荣和商靓可以为您解决这个小问题。他们的方法将系统的质性方法带入了21世纪。

**丹尼斯·焦亚（Dennis Gioia）**
**美国宾夕法尼亚州立大学帕克分校**
**斯梅尔商学院管理学教授**
**2018年5月25日**

# 前　言 Qualitative Research Using R

作为本书第一作者，我（蔡振荣）运用各种合理的技术手段增强质性研究和定量研究，这本书代表了我超过15年的工作、学习和自我创新的演变。我曾在跨国企业工作，现今作为学者、作者和期刊把关人，本书是我这些经历的凝练。在过去的一些年里，我和合作者商靓一起，每天都在与顶级期刊的把关人交战，我们明白如何说服别人相信我们的研究结论是可信的、可辩护的、值得信赖的、透明的。我们的研究主要依靠文本数据，没有 $p$ 值或 $R^2$ 来证明我们的研究结果是正确的，如何才能达到这个高难度的要求？作为学者，我们如何让读者相信我们确实观察到了数据中的概念A或事件B或过程C，并且我们在理解和赋予数据意义时所做的决定是有依据的？仅凭一句“我看到了它们，因为当时我在那里!”把关人怎么能确信我们在苏门答腊的森林里遇到了类人猿？

对这些重要问题的简短回答是，将质性研究的设计、执行、撰写和与所有利益相关者的沟通系统化，并提供证据线索，让他人看到结论是如何得出的。采用系统方法进行质性研究并不意味着像有些人可能认为的那样，要接受单纯的经验主义-实证主义研究。事实上，我们可以系统性地，同时也具创造性、富有想象力和即时性地做出高质量的质性研究。使用系统化的方法相当于围栏内的创造。这是一种负责任的学术研究，我们要用证据证明：我们如何从一个想法出发，在讲述一个有趣的故事的同时，得出一个合理的、可辩护的结论。

这就是说，在进行质性研究时缺乏系统性并不能自动成为高质量的解释主义研究。质性学者的工作类似于律师的工作。像律师一样，我们可能不知道被调查案件的实际或真相，甚至不知道这个真相是否存在，但我们可以像他们一样，提供扎实、可验证且令人信服的证据，证据是我们通过系统地收集、分析信息提出来的，它们支持一个合理的、可辩护的结论，剩下的就由陪审团来决定了。

为质性研究事业达成共识是否可取？是否有可能达成这样的共识？本书不是一本关于讨论质性研究共识的书，然而，我们确实同意在进行质性研究时有一些约定俗成或占主导地位的方法。就像商业市场上的产品之争一样，学术界也存在着思想之争，“赢家”会推广影响用户的主导设计或范式。到目前为止（第1章会讨论），我们正在见证质性研究中三大范式——焦亚（Gioia）、因-艾森哈特（Yin-Eisenhardt）和兰利（Langley）的兴起。这些学者是塑造质性研究格局的重要意见领袖。正如本书所讨论的那样，每一种方法都是独一无二的，具有独特的优势和目的。尽管一些质性研究学者主张方法论的多元化，拒绝就什么是好的质性研究达成共识，但我们担心多元化本身正在创造另一种范式——非范式方法。如果说“看的一种方式是不看”，那么似乎“不看的方式是看”也是正确的。因此，让我们坦诚地承认，作为学者，我们的工作锚定在一种范式上，即使我们有时会否认。

作为作者，在当前质性研究事业中的范式和共识的辩论（关于采用一种主导方法或一套程序来执行的重要性的辩论）中，我们有意识地选择一个立场。在研究中，我们倾向于使用深度访谈数据和其他形式的文本数据（例如，来自公共资源的社会创新者/企业家的简介、脸书和推特帖子、新闻文章）。我们往往拥有大量的数据，但我们并不总能获得关于我们正在研究的现象的表现或结果的数据（例如，高表现与低表现的案例），我们也不总能从与我们合作的案例网站访问纵向数据。尽管我们可以像批判现实主义者那样研究社会现实（如"绘制事件地图并逆向推断多条因果关系路径"），或者像经验主义-实证主义者那样研究社会现实（如"利用质性和定量数据验证与确认案例中的模式"），但我们发现，迄今为止，我们提出的问题和我们所研究的数据类型都倾向于解释主义-建构主义的方法。因此，我们自觉或不自觉地与焦亚方法保持一致，虽然一些学者认为这种方法过于严谨和实证主义。

根据我们的经验，焦亚方法是一种强有力的方法，可以引导高质量的解释主义-建构主义质性研究。但是，我们也明白，焦亚方法需要使用比率性的创造性的技术来加强，来展示其系统性和证据性的基础。作为开源（免费）计算平台（如 R）的使用者、学习者和爱好者，我们发现焦亚方法可以卓有成效地融合于 R。这为执行焦亚方法开创了一个新时代，并为没有编程背景的研究者以及精通 R 的用户打开了新的途径，他们可以借助 R 中强大的软件包 RQDA 来以新的方式进行质性研究。

## 关于本书

在质性学术语言中，RQDA（R package for Qualitative Data Analysis，用于质性数据分析的 R 包）属于计算机辅助质性数据分析软件（computer-assisted qualitative data analysis software，CAQDAS）。人们对基于 CAQDAS 的质性研究的兴趣日益浓厚，这充分体现在有关该主题的书籍不断增加。例如，包括面向技术的 CAQDAS 的教科书，它们侧重于 NVivo（Bazeley，2007；Richards，2014）和 ATLAS. ti（Friese，2011；Woolf and Silver，2017）。近年来，介绍质性研究方法的书籍也有所增加（例如，Maxwell，2013；Tracy，2012；Savin-Baden and Howell，2012）。目前质性研究者缺乏的也最需要的是，整合了基于 CAQDAS 的质性研究的方法和技术内容的书或手册。R 语言的世界包含大量有关 R 编程的书籍，它们都专注于 R 的定量应用，没有一本专注于质性研究。

本书整合了 CAQDAS，特别是 RQDA 和焦亚方法，提供了如何进行质性研究的分步指导。本书首先讨论了焦亚方法作为社会科学质性研究中的一个重要范式（除了因-艾森哈特方法和兰利方法）的兴起，并演示了如何使用 RQDA 这个 R 包来执行和增强焦亚方法，它提供了 RQDA 作为一个新的 CAQDAS 工具的方法和技术综述。通过使用文本数据样本，我们展示了基于 R 的焦亚方法的执行，从选择研究问题到开发数据结构和建立扎根过程模型，其中涵盖了各种技术，包括 R 程序语言概述，R，RStudio 和 RQDA 的安装，RQDA 中的数据准备、数据编码技术、数据属性和"备忘录"，RQDA 中的代码抽象和代码绘图，以及作为质性研究最终输出的扎根理论的建立。

本书旨在帮助研究者——以及本科生、硕士生、博士生到博士后——在学术期刊上发表论文。在学术期刊上发表论文是研究者生活中的一场艰难的“游戏”。由于顶级社会科学期刊对质性论文的录用率相对较低，该“游戏”就更加艰难。本书的逻辑是这样的：如果一个人学会了最高标准的质性学术研究（希望通过本书传授给读者），那么在那些不需要对一项研究进行双盲、多轮评审的情况中，比如在行业、非政府组织或政策制定领域，应用它就会相对容易一些。我们相信，本书有助于将这些非学术场合的质性技巧变得专业化。

我们强烈鼓励学术型读者从前面的“推荐序”开始阅读，然后阅读关于质性研究的理论概述（第 1 章）及以后的内容。有些章节（如第 1 章）对于非学术型读者来说可能有些过于哲学或枯燥，因此只需浏览这些章节，然后通过第 3 章及以后的章节迅速进入本书的核心内容。对于曾主要使用“手动”的方法分析质性数据的有经验的质性学者来说，最好的开始部分是使用 RQDA 进行编码过程（第 8 章），然后一直到第 11 章。

## 章节概述

第 1 章介绍了质性研究的概况，分析了质性研究中常用的重要术语。然后，讨论了质性研究的五个不同特点和必备要素。最后，讨论了质性研究的三种主要范式，即解释主义-建构主义的焦亚方法、经验主义-实证主义的因-艾森哈特方法和批判现实主义的兰利方法。

第 2 章讨论了使用 CAQDAS 的优势和注意事项，以及与手动分析相比，计算机的使用如何提高质性研究的透明度、可信度和严谨性。然后，回顾了主要的 CAQDAS 工具，关于它们的技术规范、计算能力和方法体系优势，以及它们在 RQDA（质性数据分析的 R 包）中的表现。本章还简要讨论了 CAQDAS 最重要的功能之一——数据编码、检索和共享，并利用已发表研究的实际例子来演示数据编码。

第 3 章提出了一个六步的过程来进行基于 CAQDAS 的质性研究，从阐明研究问题和进行初步文献综述到抽样方法、拟定访谈提纲、数据收集以及进行数据分析，包括创建数据结构和扎根理论的演绎。这些程序不应视为固定步骤，而应作为质性研究的指导和启发。本质上，所有研究或多或少都遵循上述步骤。为了说明这种方法的使用，本章回顾了蔡振荣（Chandra，2017）进行的一项研究，该研究是关于少数几个前恐怖分子如何摆脱极端主义者的“兄弟情谊”而从事快餐厅工作——在主流社会中工作，然后过渡到运营这样的快餐企业，雇用具有相似背景的人，从而成为社会企业家。

第 4 章回顾了作为统计计算平台的 R 编程语言，并介绍了 RQDA，它是面向质性研究的。本章讨论了 R 和 RQDA 作为支持质性研究的开源工具的优势。本章还提供了一些例子，说明如何使用编程语句（指示软件执行某些任务的一串命令）来操作 R 和 RQDA。本章描述了 RQDA 控制台和 RQDA 中可用来创建新项目、数据导入、数据导出等的各种功能。

第 5 章讨论了在不同的操作系统（Windows，Mac，Linux）中使用 R 语言编程语句安装 RQDA 的技术细节。本章还演示了不使用 R 编程语句安装 RQDA 的技术细节。

第 6 章展示了质性研究中的数据准备技术。本章展示了如何将质性数据转换为 RQDA 支持的格式，将多个文本数据文件（如访谈记录稿或新闻文章）合并为一个案例文件的技术以及其他数据准备技术。本章利用一个为说明问题而设计的小型质性研究（从一个大型社会创新数据库中抽取的社会创新策略和成果的资料）展示如何系统地进行抽样和数据准备。

第 7 章演示了如何简单地启动和运行 RQDA。本章还演示了如何使用 RQDA 创建一个新项目和管理质性研究项目。最后，本章展示了如何将质性数据文件导入 RQDA 中。

第 8 章讨论并区分了质性研究中的归纳编码法过程以及如何在 RQDA 中进行归纳编码。以“在医疗行业中的社会创新策略和影响”项目为例，本章展示了如何进行数据编码，以创建一阶代码/概念，作为焦亚方法的第一步。

第 9 章讨论了通过分配不同的属性、创建备忘录或将文件聚合为更大的案例文件来管理（文本）数据文件的各种技术，以支持 RQDA 的质性数据分析。

第 10 章演示了在 RQDA 中抽象或聚合一阶代码/概念到二阶主题的技术，在二维网络格式中绘制代码，并将绘制的代码以 HTML 文件导出，以便与研究合作者和期刊把关人共享。

第 11 章展示了如何将代码数据转化为数据结构。数据结构是从一阶代码（在信息提供者的层次上捕获含义的代码）到二阶主题（两个或多个一阶代码的抽象），最后到理论维度（将数据与理论联系起来的理论概念）的聚合，以及如何将静态的数据结构重构为一个扎根过程模型——这是质性研究的最重要目标。

第 12 章提出了我们对基于 RQDA 的焦亚方法的优势和不足的思考。我们还提出了未来使用 RQDA 来改进质性研究的途径，扩大 R 的使用范围以支持质性研究，并使用 R 进行混合方法研究等观点。

蔡振荣<br>商靓

# 目　录 Qualitative Research Using R

# 第 1 章
# 质性研究：概述


**摘要**

质性研究是社会科学中最常用的研究类型和方法之一。遗憾的是，质性研究经常被误解。本章描述和解释了关于质性研究的误解，为什么研究者在进行质性研究时需要关注质性研究的特点，并回顾了质性研究的范式。

**关键词**

质性研究　焦亚方法　因-艾森哈特方法　兰利方法　解释主义　实证主义


## 1.1 为什么应当关注质性研究

质性研究[①]——主要或专门使用非数字数据的研究——是社会科学中最常用的研究类型和方法之一。遗憾的是，质性研究经常被误解。它通常被认为"容易做"（因此任何人都可以做，无须培训），是一种"随心所欲的方法"（缺乏严谨性、有效性和质量标准[②]），并且是"过时的"，因为它依赖于50年以来从未改变过的手工技术。这些都是误解。质性研究在执行和辩护方面具有挑战性，它需要遵循某些普遍接受的原则和假设，并能拥抱计算技术的最新进展。就像使用聚焦的红外激光一样，如果用户接受了使用相应方法的培训，质性研究就可以有力地触及社会问题、信仰或价值的核心。

正如我们在本书中所论证的那样，使用质性研究具有挑战性，它值得来自任何认识论背景的学者（从实证主义者、解释主义者、模拟专家到数学专家）

---

① 质性研究是用来研究事物的方法——个人和组织及其在自然环境中的原因、观点、动机和信念。它涉及一个实地的观察者（研究者），这个观察者把世界转变成一系列描述，比如现场笔记、访谈、对话、照片、录音和备忘录（Denzin and Lincoln，2011）。许多研究者将质性研究用于探索性研究，一些研究者则将其当作"准"理论检验的方法。质性研究包含很多的方法，覆盖了扎根理论（Glaser and Strauss，2017；Strauss and Corbin，1990）、案例分析（Flyvbjerg，2006；Yin，2003）、现象学（Sanders，1982）、话语分析（Fairclough，2003；Wodak and Meyer，2009）、民族志（Geertz，1973；Garfinkel，1967）、网络民族志（Kozinets，2002），等等。质性研究经常和"案例分析研究"同义，因为"案例分析"主要（但不总是）使用质性数据。

② 质性研究的质量标准或者衡量准则包括：(1) 可信度（研究者让他的发现受到信任）；(2) 可转移性（当结论可以转移到高度相似的情境中时更有说服力）；(3) 可靠性（错误已经被最小化，而且提供了适当的文件）；(4) 可确认性（结论是内在一致的，并得到数据支持）（Lincoln and Guba，1985）。

的尊重。如果一个人的目标很高——要在顶级学术期刊上发表质性研究，那么挑战就更大了。但我们也认为，当质性研究以最优方式进行并使用有效方法时，可以达到与所有其他方法一样的高度严谨性、质量和可信度。

由于质性研究中的数据主要是文字（来自访谈、现场笔记、对话、录音和备忘录）而不是数字，质性研究者常常面临说服读者、期刊编辑和审稿人（把关人）结论是合理的和可辩护的巨大压力。质性研究者并不像定量研究者那样享有“躲在 $p$ 值或统计系数后面”的特权。一个问题是，质性学者对什么是高质量的质性研究很少或根本没有共识。另一个问题是，质性研究在很多方面是隐性表达的，也就是说，研究者在数据收集和分析过程中的决定和行动往往对外人来说是隐藏的。正如一些学者所言，质性研究存在“没有公认的模板”（没有标准化的方法）的问题（Pratt，2009，p. 856）。这种说法部分是正确的。在质性研究中，人们可以使用一些合理的范式，但对许多质性研究者来说，这些范式并不浅显易解。这阻碍了质性研究方法的广泛接受。

为了应对这些对质性研究的不恰当的批评，我们鼓励质性研究者使用学者所说的有效方法来阐述他们的工作。我们通过演示并扩展焦亚方法（Gioia approach）可实现这一目标，焦亚方法是质性研究的有效方法之一。焦亚方法本质上是关于理论构建[①]或发现，并寻求产生和发展新的概念和理论[②]。在这个过程中，我们用最新的计算技术，以一个运行在 R 中的开源计算平台 RQDA 工具来帮助数据分析、存储和检索以及数据呈现——力求质性研究的方法体系专业化，并在使用先进技术方面与其他方法体系并驾齐驱。

## 1.2 质性研究的特点

质性研究是一个“大帐篷”，包含了各种学派的思想。普遍的共识是，质性研究最好用来回答为什么和如何的研究问题，而不是回答多少或到什么程度的问题。“如何能够[③]”一词也经常用于质性研究的研究问题中，这通常需要开放式的问题和答案，而非封闭式的问题和答案（例如是或否、序数或度量量表）。一个接受过特定培训（比如说实验室实验或计量经济学）的研究者，可能会从“多大程度”的角度看世界，或者只对解决处理“到什么程度”的问题感兴趣。一个接受过质性方法论训练的学者，可能会从“为什么和如何”的角度看世界。理解这种倾向或者说偏向，是很有用的。重要的是，要根据质性工作的

① 我们可将研究视为理论构建—理论阐述—理论检验的连续过程。理论构建也称为理论探索。理论阐述是指使用质性数据和方法来寻求对多个社会现实的变量、过程或机制的相互关系的“确认”（Bartunek and Rynes，2015）。

② 在质性研究情境中，理论通常是指概念模型或框架，用于解释社会现象的一组变量或过程之间的关系。理论也可以指在质性研究项目开始前作为背景知识回顾的一般性想法或框架（如机构理论、解放理论或认同理论）。

③ 例如，质性研究可以提出以下问题：“在有组织的犯罪占主导地位的社会情境中，制度变革如何才能取得成功”（Vaccaro and Palazzo，2015）。

本体论和认识论基础来评估①质性工作（例如，用解释主义-建构主义认识论方法体系而不是实证主义或批判性现实主义方法体系来判断质性工作）。

演示在 R 平台上按焦亚方法实现的系统化质性研究的应用之前，我们先讨论一下进行质性研究所必需的五个特征。

第一，质性研究是一个迭代和浮现的过程。这意味着质性研究很少依赖一个一次性的过程来找到发现，相反，它依赖于数据和理论之间的多次来回比较。它是浮现的，因为质性研究者开始时并没有预先确定一个研究结果，也没有在研究开始时把他的观察和分析限制在一个特定的预想或想法、模型、框架或理论上，相反，研究者遵循“让数据自己说话”的逻辑（让数据自己来揭示模式或过程）。因此，质性研究往往看起来比量化研究更杂乱，因为这个过程不是线性的。

第二，质性研究主要用于探索和发掘新理解、新解释，产生新的、出人意料的或有趣的发现。如果研究结果仅仅描述已知（纯粹的描述性研究），那么开展质性研究毫无意义，例如报告“产生社会影响对社会企业很重要”②；或者没有对显而易见的结论进行进一步的深入挖掘（肤浅的研究），例如声称“社会机会认知先于社会企业的发展”；或者只是用来验证③变量之间的关系（本质上是量化的质性研究），例如“我们发现在 97%的案例中 A 导致 B”。质性研究的用武之地在于：如果质性研究产生了新概念（例如，文献中过去未提及的概念）、反直觉或出人意料的发现（例如，报告“创造力通过机制 A，B 和 C 使得业绩变差”），或者挑战了理论 X 所解释的传统观念（例如，“资源拼凑”（resource bricolage）会最终加速专制国家新组织的失败，并解释背后的过程），或是有趣的发现（例如，探索以前未被探索的现象，或是采访独特的人或情境），例如，发现“一些国家的街头示威，如果是涉及以街头抗议为生的失业工人的‘有偿示威’，就不是民主的一部分”，并解释其背后的原因和方式，或由这些原因和方式引出的组合。

在发现新概念或新过程时，质性研究者通常会建立或发明新的词汇表，以最好地代表感兴趣的新概念。例如，创造一个新的术语来表示一个被忽视的社会现象（例如，意义建构（sense making），一个新的概念用于解释领导者在推

---

① 我们已经见证了许多案例，在这些案例中，忠诚的实证主义方法学家被要求评审质性研究论文，他们使用问卷调查的方法来评估解释主义作品的质量。这种审稿人的谬误是危险的，并阻碍了一个研究领域的发展。编辑必须意识到这种谬误并加以避免。

② 社会企业（SE）是一个结合了社会福利和商业逻辑（Doherty et al.，2014）或者使用商业原则来解决社会问题的组织（Mair and Marti，2006）。因此，报告“产生社会影响对社会企业很重要”的质性研究过于描述性，几乎可以说是冗余的。作者们向学术期刊提交纯描述性论文并不少见。

③ 一些质性研究者开展的质性研究，主要使用一个清单（勾选方框）来显示变量的存在与否，就好像这是一项基于问卷调查的研究一样。这对于质性工作是完全不合适的。一项质性工作需要显示出质性成果的丰富性和深度。然而，如果一项研究涉及太多信息提供者或太多感兴趣的变量，或者数据因其纵向性而过于复杂，那么用这种清单作为补充说明是可以接受的（例如，一项研究涉及 15 个观察案例，并涉及在 7 年的实地调查中对 33 名信息提供者进行的 59 次访谈，该研究使用 Excel 文件列表显示发生事件的数量作为对主要分析的补充数据）（Chandra，2017a，b）。

动战略变革过程中的作用（Gioia and Chittipeddi，1991））；或者在从质性数据中获得深入见解之后，使用一个新的视角对现有现象进行概念重建（例如，“社会创业作为解放前恐怖分子的一种手段”）（Chandra，2017a，b，p. 658）。

第三，质性研究通常依赖于丰富的（分层的、错综的、详细的、具体的和细微的）和厚实的数据（通过多个信息提供者或各种来源获得的深度数据）。质性研究包含对一种社会现象的丰富而有厚度的描述/解释（例如，前恐怖分子如何和怎样看待狱后生活中工作的意义及原因）。在数据收集过程中[①]，研究者应尽最大努力收集尽可能多的和尽可能相关的（文本、视觉）数据，例如与信息提供者进行多次深入访谈或与一组信息提供者进行访谈，以获得更全面、更可辩护的数据，然后将这些数据添加到同一个主题的其他数据源（例如，新闻文章、观察、文件、网站材料）中——数据三角论证（data triangulation）。这与传统实证主义认识论（如问卷调查或实验室实验方法论）相反，后者倾向于通过少量问题和精确的测量量表（如 1～5 分量表）收集“精确数据”。

第四，质性研究试图产生能够阐明和解释[②]社会现象的过程、理论和进展。为了实现这些目标，质性研究者将选取一种方法[③]（例如，焦亚方法或因-艾森哈特（Yin-Eisenhardt）或拉吉（Ragin）方法）来分析质性数据并把它们抽象化以产生更高层次的含义，并把一个事件（或过程、概念）如何导致其他事件（或过程、概念）绘制成图。因此，质性研究侧重于社会现象的动态过程（“变化如何展开”）并试图研究观察到或记录到的事件，来理解和解释它们是为什么和如何产生结果的。质性研究得出的看法称为分析概括[④]，与统计性概括不同，后者是定量研究产生的见解。

第五，质性研究是有情境的。尽管所有的研究都必须考虑到情境，但有一个普遍共识是，在质性研究中，情境为王。这意味着，首先，识别出一个新的或新鲜的情境，有助于[⑤]人们对一个领域的理解。质性研究通过在新的情境下研究一种现象，可以提供理论扩展（例如，研究激进分子如何利用 WhatsApp 为政治目的设计假新闻，在这里 WhatsApp 就是一个新的研究情境）。其次，情境可以作为一个维度或分析工具，帮助人们在比较情境中理解一种社会现象

① 如前所述，有不同类型的质性研究。质性研究者会定制数据收集过程，来适应正在进行的研究类型。例如，对于使用民族志的研究者，主要数据将以照片和/或视频及访谈的形式出现；对于使用网络民族志的研究者，主要数据将是基于互联网的文本数据。访谈数据可能是所有类型的质性研究设计中最常用的数据类型，经常是质性研究的同义词。

② 质性研究的目的是提供一种解释而不仅仅是描述，当然也不是预测（这是量化研究的领域）。然而，需要通过描述来说明收集到的质性数据，通常研究者通过在质性研究报告的正文中插入一些重要的“信息提供者的语言”来描述他们的质性数据。

③ 我们建议质性研究者坚持一种方法，以避免在质性研究的不同阵营中可能出现的认识论和本体论上的错位。例如，在质性研究中，将实证主义与建构主义方法相混合，往往会导致不必要的批评，甚至会遭到期刊编辑和审稿人的拒稿；这表明一个人缺乏方法论的能力或认识论立场的意识。

④ 分析概括不是对一些已被抽样的特定案例的概括，而是对正在研究的现象的“理论”的概括，这一理论可能比所研究的特定案例具有更广泛的应用性（Yin，2003）。

⑤ 有不同类型的贡献。通常情况下，研究者应该清楚地阐明提交给学术期刊的质性研究的理论贡献。其他类型的贡献有实践方面的（或管理方面的），常见于商业/管理期刊，以及政策相关期刊的政策性贡献。

（例如，为了理解社会企业家的动机，人们可以研究社会企业家的行为和动机有可能会如何区别于商业企业家）。重要的是，情境敏感的研究使质性研究者能够在一个情境中做出更有力的推断（实现内部效度），然后逐步在比较意义上研究其他情境，以增强推断。

## 1.3 质性研究的主要范式

如上所述，质性研究存在“缺乏模板①”的问题。换句话说，它缺乏一种标准的方法。尽管一些质性学者在质性研究中抵制任何主导设计以支持方法论的多元化（例如，Friese，2011；Cornelissen，2017；Welch et al.，2011），但我们也开始看到近年来学术界采用主打的质性研究范式并使之合法化的趋势。最明显的范式是解释主义、实证主义和多元/批判现实主义（见表 1-1）。在不同的质性研究方法中，焦亚方法本质上是解释主义-建构主义的，或者称为系统解释主义。也就是说，它依赖于解释主义认识论，但使用系统的方法来执行。因-艾森哈特方法是经验主义-实证主义的，或者称为质性实证主义，它将实证主义认识论应用于质性数据。兰利（Langley）方法是批判现实主义的，或者称为多元现实主义。这意味着它依赖于批判现实主义认识论，但采取了一种多元化（“不倾向于某个特定风格”）的方法进行研究。

表 1-1 对焦亚方法、因-艾森哈特方法和兰利方法进行了比较，并描述了它们在 15 个维度上的差异。我们认为，这些方法会为质性学者提供指导和启发而不是限制或约束。运用每一种方法时，都有足够的创造和发挥的空间，并且这些方法并不是质性研究应该如何进行的定论，而是在不断发展和改进。从本质上讲，它们就像地图，帮助指导学者在质性学术研究的广阔天地中前进。

**表 1-1 质性研究的三种方法的比较**

| 维度 | 焦亚方法（系统解释主义） | 因-艾森哈特方法（质性实证主义） | 兰利方法（多元/批判现实主义） |
| --- | --- | --- | --- |
| 社会现实的认识论（或理解的途径） | 解释主义-建构主义：解释社会现实，找到事实和事件的意义——共同建构和理解。 | 经验主义/证伪主义-实证主义：社会现实自然存在，等待被发现、被描述、被解释、被预测和被理解 | 批判现实主义：社会现实独立于人类观察者而存在，包括：（1）形成社会现实的现实世界结构和事件；（2）无论人们是否观察，都发生了的现实世界的事件和结构；（3）经验世界，人们可以体验和/或测量的事件。同时包括解释主义和实证主义 |

① 对于质性研究设定模板是否可取或必要，目前仍有争论，其中一个阵营的学者（多元/批判现实主义者）主张对质性研究采取多元化的方法（“质性研究不应遵循特定的模板或在其过程中具有规范性”），其他阵营的学者通过使用特定方法（如艾森哈特方法或焦亚方法等）来倡导某种形式的共识。然而，如表 1-1 所示，多元/批判现实主义本身也是一个模板，它通过倡导在进行质性研究时使用多样性和多元化的方法达成另一种形式的共识。

续表

| 维度 | 焦亚方法<br>（系统解释主义） | 因-艾森哈特方法<br>（质性实证主义） | 兰利方法<br>（多元/批判现实主义） |
|---|---|---|---|
| 理论化风格 | 概念导向的过程理论化：提出能够描绘和解释社会现实动态的概念 | 面向变量的理论化：提出预测变量之间关系的因果关系而不论情境如何 | 事件导向的过程理论化：追踪因果过程，解释事物在特定情境中如何以及为何出现、发展和终止。建立解释不同变化模式的类型学 |
| 目标 | 理论构建（理论探索）和理论发现。发现新概念、创造新词汇来解释社会现实 | 理论检验/证伪、理论改进、理论复制以及消除其他替代解释 | 以归纳和演绎的方式（溯因推理过程，或"回溯"）来重建、重新描述、重现情境化社会现实 |
| 主要参考文献和研究逻辑 | 斯特劳斯和科尔宾（Strauss and Corbin，1990）、格拉泽和斯特劳斯（Glaser and Strauss，2017）和焦亚等（2013）的扎根理论方法，（例如，从代码到概念到类别再到构建理论） | 因（2003）的案例实验逻辑和艾森哈特（1989a，b）的案例复制法逻辑：一个案例被其他案例确认或否定，从而达到理论饱和 | 兰利等（2013）的过程理论化：跨案例重复、纵向时间上重复、事件映射绘图，并结合实际情况进行解释 |
| 研究问题、建构、命题、理论的作用 | 研究问题是在研究开始时提出的，先验建构不占优势，命题、理论也不占优势 | 研究问题、先验建构或命题或理论是在研究开始时提出的 | 研究问题是在研究开始时提出的，理论并不能决定研究的方向 |
| 抽样逻辑 | 目的性抽样（如极端或偏差案例，提供新见解的罕见启示性案例），也使用理论性抽样，数据收集主要以数据收集早期阶段出现的理论见解为指导 | 理论抽样：案例的选择是出于理论上的原因，如可复制性（高复制性与低重复性）、理论的扩展、不可复制性及消除其他可选替代解释 | 变化情境抽样：选择多个案例来研究一种现象。采用约束变异抽样：从相同的初始样本中选择案例，但遵循导致不同的结果的不同路径 |
| 样本规模 | 单个案例和多个案例（最多 4 个，偶尔更多），旨在探索和解释丰富有趣的案例（不同于理论饱和） | 倾向于多个案例（6～10 个案例或更多），目的是确认/否定/证伪所关注的理论 | 优先考虑多个案例（2～3 个纵向案例）和相对较多的访谈（29～100 次访谈），以解释变化过程，并开发将事件分成不同含义的类型体系 |
| 收集的数据性质 | 主要是质性数据（如多轮深入访谈），也包括补充数据（如新闻文章、网站信息、组织文件） | 质性数据（如深度访谈、观察、二手数据）和量化数据（如问卷、变量清单、财务数据、健康数据） | 主要是质性数据（如深度访谈、观察、二手数据、档案数据） |
| 访谈提纲的作用 | 随着数据收集的进展，灵活调整访谈提纲；根据后续访谈的心得，对信息提供者进行后续访谈 | 需要一个完善的访谈提纲来精确地衡量和捕捉社会现实 | 随着数据收集的进展，灵活调整访谈提纲，以便探索多种解释 |
| 研究过程和预期最终结果 | 通过集合一阶概念（通过开放编码）、二阶主题（通过轴向编码）和聚合维度，开发一个数据结构来表示代码的整体结构，从而形成一个扎根过程模型和新概念开发 | 先进行案例内分析，再进行跨案例分析，然后将证据列表，细化结构并找出可检验的命题 | 绘制多个案例的事件和时间模式，然后在事件图中确定每个案例的事件顺序，以阐明社会现实的机制 |

续表

| 维度 | 焦亚方法（系统解释主义） | 因-艾森哈特方法（质性实证主义） | 兰利方法（多元/批判现实主义） |
|---|---|---|---|
| 研究结果的呈现 | 没有固定的风格。通常先提出数据结构和过程模型（概念及其关系），然后在报告中以数据表格形式显示证明引述，以缩进段落形式显示有用的引述 | 先提出命题或理论框架，然后展示证据表格（用简短引述、一些数值数据、观察到的其他变量），最后是方框和箭头模型 | 没有固定的风格。使用特定事件映射（来拆解特定案例）和常规事件映射 |
| 分析过程 | 主要使用依靠手动的数据分析方式，但也有一些研究者使用 CAQDAS，比如 NVivo | 主要使用依靠手动的数据分析方式（使用钢笔/铅笔、纸、荧光笔、文件夹等） | 没有特定的方式。使用过程追踪（构建从结果反向到事件的因果链）；依靠归纳过程，达到再次描述或再次情境化的溯因推理过程 |
| 重点 | 围栏内的创造 | 重现逻辑、模式匹配、时间序列分析 | 最好使用几种方法，对一个事件或结果有几种可能的解释 |
| | 数据结构作为证据 | 提出可推广和可检验的理论 | 开展过程研究，没有最佳方法 |
| | 避免“选择性使用”数据 | 摆脱个案的特异性细节，实现脱离情境依然有效的命题 | 研究随时间变化的现象 |
| | 数据结构是静态的；扎根模型将静态转换为动态呈现 | | 视觉图谱；时间分段 |
| 重要发现的例子 | “意义给予”“身份模糊”“过渡身份”概念的发现（Gioia et al.，2013） | 快速决策模式（Eisenhardt，1989a，b）；消费者的不可替代或可替代的物质财产（Grayson and Shulman，2000） | 大型组织变革过程中的反思性和实验性“空间”（Bucher and Langley，2016）；合并组织中的一种身份工作分类（“特立独行者”“战士”“适应者”“受害者”；Langley et al.，2012） |
| 重要论文 | 方法类：斯特劳斯和科尔宾（1990）、焦亚等（2013）<br>实证类：焦亚等（2010）、瓦卡罗和帕拉佐（Vaccaro and Palazzo，2015）、蔡振荣（2017a，b） | 方法类：因（2003）、因（1981）、艾森哈特（1989a）<br>实证类：艾森哈特（1989b）、格雷布纳和艾森哈特（Graebner and Eisenhardt，2004） | 方法类：兰利等（2013）、兰利和阿卜杜拉（Langley and Abdallah，2011）<br>实证类：丹尼斯等（Denis et al.，2001）、兰利等（2012）、布赫和兰利（Bucher and Langley，2016） |

解释主义是一种将社会现实视为主观的、由研究者共同建构的、旨在通过个人或集体经验来理解世界的思想流派（Gioia，2007；Ramoglou and Tsang，2016；Stake，2010；Young and Collin，2004）。在这一学派中，语言和语言工具传达了一种集体建构和理解的社会现实。在这一学派中，质性方法的作用是解释、探索和发现新的概念、建构、可行理论、模型或框架。质性研究植根于解释主义。解释主义本身就是一个“大帐篷”，它包含了符号互动论、解释学、戏剧学、民族方法学和民族志等领域（Prasad，2018）。

另外，实证主义是一个把社会现实当作客观的、自然存在的事物以供验证和检验的学派（Brinkmann，2018；Hunt，1991；King et al.，1994）。这一学派受到社会科学中假设-演绎范式启发。它使用量化方法，但也支持应用质性方法来详述或验证预先设想的建构、理论或命题（Dubé and Paré，2003；Langley and Abdallah，2011）。

解释主义常用于理论构建和发现导向的研究，实证主义常用于理论检验或理论阐述或理论改进的研究。取决于一个人认识论的立场，一些学者认为解释主义和实证主义是互补的（Lin，1998；Sobh and Perry，2006），因为社会现实部分是真实的，部分是共同建构和解释的，并且在不同的层次上有结构性的特点，因此可以把两个阵营结合起来，更好地研究社会现实。这就产生了批判现实主义学派（Easton，2010；Ramoglou and Tsang，2016；Welch et al.，2011）。与其他两个学派相比，批判现实主义的方法是多元的（Gehman et al.，2017），因为，用兰利的话说，“单一的（质性）方法确实不是一个好主意”（p. 6），“最好拥抱（方法论的）多样性”（p. 10）。

## 焦亚方法

焦亚方法（Gioia et al.，2013）受到解释主义-建构主义认识论的启发，关注获取深入见解以及产生、探索和发现新的概念、过程或机制，并最终产生一个过程模型或理论。焦亚方法采用系统和严谨的方法进行质性研究，作为对质性研究“印象主义的”（并且常常是“诗意的”）且“证据不足的”（Gioia，2019）批评的回应。焦亚方法具有证据基础和讲故事成分，它向读者展示并告诉读者，研究者如何以及为什么根据分析的数据得出他的论断。研究者依靠意义建构过程（sense-making processes）来进行质性研究的概念化。

焦亚方法通常从一个研究问题开始，然而，在提出方法论部分之前，它经常包含关于感兴趣的现象的相关文献的讨论（例如，Gioia et al.，2010；Vaccaro and Palazzo，2015）。这个过程明确了定义，确认某一特定领域的已知和未知之处，和/或强调了不一致之处，以及确认对某一现象理论解释的缺席。研究者可以不受最初文献综述的束缚。在数据收集方面，焦亚方法一般使用访谈数据，采用数据的多样化，包括纵向数据收集和多个信息提供者。这种方法主要依赖于目的性抽样（Lincoln and Guba，1985），但并不推荐固定数目的案例（与因-艾森哈特方法相反，见下文），因为它更关心从数据浮现出来的主题的稳健解释而不是反复出现的逻辑（相比实证主义）。因此，焦亚方法被用于单案例研究（例如，Corley and Gioia，2004；Nag et al.，2007），也能有效应用于涉及 4 个或以上案例的多案例研究。

焦亚方法的独特之处在于它在新发现和文献/理论之间来回反复，以确定、生成或定位所收集数据中的新概念（Alvesson and Kärreman，2007）。在这样做时，它依赖于一个独特的过程，即将（文本）数据编码为一阶概念（称为“开放编码”），使用尽可能接近代表原始数据的标签（例如，“我们的森林正在消失”“河流被污染”可以编码为“环境破坏”作为一阶代码）；然后将它们抽象为更坚实的理论领域内的二阶主题（称为“轴向编码”）（例如，一阶代码“环境破坏”和“许多物种灭绝”可以抽象成“垂死的生态系统”作为二阶主题）；最后，抽象为聚合维度（称为“选择性编码”）（例如，二阶主题“垂死的生态系统”“存在其他宜居行星”“是时候离开地球了”可以抽象为“新宜居行星作为解决方案”作为聚合维度）。让研究小组的一名成员充当“故意唱反调的人”来评论新出现的解释能促进这一过程（Gioia et al.，2013）。数据分析的三阶是结构化的，称为数据结构。简言之，数据结构提供了对数据洞察的鸟瞰图，是一种既能传达发现，又能使读者/审稿人轻松跟进研究者论证的有效方法。包含信息提供者引述（或证明引述）的代表性数据的数据表格通常作为证据包括在内，引述（重要引述）也在论文中给出，以突出新的概念或见解。焦亚方法将整个编码最终结果聚合到一个过程模型或扎根理论模型中，该模型描述了新生的概念之间的动态关系。换言之，它采用概念导向的过程理论化，也就是说，它试图给出（静态和动态的）概念，这些概念力图描绘和解释社会现实。

焦亚所低估的是，构建数据结构和扎根理论模型的过程是混乱和迭代的。它天生是一个创造性的过程，但执行时要有良好的想象力（Weick，1989）。因此，焦亚方法可以描述为“围栏内的创造”。

### 因-艾森哈特方法

相比之下，因-艾森哈特方法（Eisenhardt，1989a；Yin，2003）植根于实证主义认识论，主要聚焦于理论或建构的验证、阐释、改进、否定或证伪。它寻求开发作为最终产品的理论命题。这种方法也称为面向变量的理论化。通过这种方法，研究者给出脱离特殊情境的预测变量或结构之间关系的因果法则。

依照这种方法，研究者通常从一个研究问题和一些关于被关注现象的相关文献知识开始，但不会努力去阐释理论。通常方法体系是在引言之后立即提出的，并且很少或没有文献综述，因为这种方法避免了受到文献中已知内容的限制（例如，没有文献综述（Eisenhardt，1989a）；只有简短的文献综述（Ozcan and Eisenhardt，2009））。

因-艾森哈特方法的数据收集通常要求数据多样化、多案例、多信息提供者，并且通常涉及某种形式的量化数据。通过逻辑再现（Eisenhardt，1989a；Yin，2003），研究者试图在一个案例接一个案例中寻找潜在感兴趣的变量之间的相似性，直至达到理论饱和。为了达到这一饱和，研究者调查多个地点的案例，在这些地点，采访了很多信息提供者（Eisenhardt，1989a；Ozcan and Eisenhardt，2009）。例如，如果理论上认为懒惰在高度紧张的工作环境下能提高工作效率，那么研究者会对不同公司的管理者进行访谈，看看懒惰是否最终会提高工作效率。艾森哈特（1989a，b）建议，扎实的质性研究涉及6～10个案例比较合适。研究者通常刚开始单独分析每个案例（称为“案例内分析”），然后开展跨案例分析（Yin，2003）。随着模式的出现，研究者从案例中归纳出稳健的理论建构和因果关系，遵循一个在理论、数据和文献之间循环的迭代过程来改进研究结果并明确贡献。这种方法通常将包含潜在感兴趣变量的数据放入一个或多个表格中来描绘数据，表格包含描述性、解释性或说明性的关键引述作为证据。这种方法以陈述的方式来描述作为最终产物的因果类的理论命题。这里因果关系陈述类似于通常在假设-演绎论文开始处的陈述。

因-艾森哈特方法的一个关键特征是它如何展示一项质性研究（或“完成闭环”）。这种方法往往聚焦于将证据列表来改进建构和建构之间的关系。为了做到这一点，它聚焦于影响因变量的变量上（例如，决策持续时间、决策类型、影响公司绩效高低的利益相关者类型（Eisenhardt，1989a）），使用一些简短的信息提供者的引述，演示可检验的命题，并用一个方框和箭头模型代表整体结果以展现因果关系。

## 兰利方法

兰利方法受到批判现实主义学派的启发。这种方法可以称为多元现实主义，因为它主张在进行质性研究时使用多样化和多元化的方法，包括解释主义和实证主义。这种方法采用事件导向的过程理论化，在理论化过程中研究者追溯因果过程，这个因果过程解释了事物在特定环境中如何以及为什么出现、发展和终止。当这样做时，它采用归纳和演绎方式（或溯因推理过程），以便重建、重新描述和重现情境化社会现实。但是，它不像焦亚方法那样寻求发明新的概念。与焦亚方法类似，它采用了一种面向过程的理论化风格，因为它会给出解释动态社会过程的事件图。

兰利方法采用一系列工具来建立过程理论化：跨案例重复（类似于因-艾森哈特方法）、纵向重复、事件映射、分析概括和情境化解释。情境为王。它允许通过多种途径的研究来解释社会现实。数据中产生的分歧、对立和等效（相同的初始状态可以导致多种结果）被认为是积极的。大多数采用兰利方法的研究涉及多个案例，但这些案例往往比因-艾森哈特或焦亚建议的案例要少得多——范围在 2～3 个地点的案例，但在 2 年或更长时间内进行大量的访谈（29～100 次访谈）。

在兰利方法中，研究结果通常包括事件映射和时间解释，它们来解释社会现实的微观（特定案例）和宏观（跨案例）机制（例如，组织如何从根本上改变惯例，组织合并后如何努力为自己和其他组织创造身份认同）。尽管兰利声称她的方法并不构成一个特定的过程、方法体系或寻求共识的目标，但事实上她确实做到了这些。她主要提倡使用过程追踪（以过程图的形式构建从结果到事件的因果关系链），并依赖于得出对于社会现象的新描述或新情境化的溯因推理过程（例如，重新解释和重新分类组织合并后的身份意义，或空间在组织如何打破常规方面的作用）。

焦亚方法的一个很好的例子是对年轻社会积极分子的研究，这些社会积极分子成功地挑战了向意大利犯罪组织支付保护费的做法（Vaccaro and Palazzo，2015）。这些学者从主要对活动家、当地企业主、当地公民（消费者、学生、教师）到警察和黑手党专家进行的访谈数据中，逐步将各种一阶概念分为六个二阶主题（由名为价值、挂钩、锚定、激活、保障和联合的新概念组成），最终将它们聚合为两个主要维度（道德化和融合）。“重要引述”（最有力或最具启发性的信息提供者的讲话或陈述的例子）也经常在焦亚类型的研究的文本和数据表格中使用。例如，瓦卡罗和帕拉佐（Vaccaro and Palazzo，2015）创造性地在文本中插入了他们的信息提供者的简短引述，使用表格来总结各种重要主题，并使用相应的信息提供者的引述来描绘数据和他们的抽象概念（例如，用“他们将人们组织在一起并与其他组织合作的策略非常成功地将黑手党攻击的风险降到最低”来突出一个称为“联合”的一阶代码，p. 1088）。

因-艾森哈特方法的一个典型例子可以在艾森哈特（Eisenhardt，1989b）的论文中看到，该论文在课题结尾处开发了一个高速环境下的战略决策模型，同时提出了把决策变量与企业绩效之间关系理论化的命题。艾森哈特（1989b）使用质性和定量数据，对快速变化的技术部门的决策速度进行了数值估计（使用决策的时长作为数据、会议次数以及主动和被动冲突的分类来观察案例之间的变化），她在数据演示中使用了非常有限的信息提供者的引述。

兰利方法的一个很好的例子是布赫和兰利（Bucher and Langley，2016）的论文，该论文对组织成员如何努力彻底改变组织惯例提供了一个情境化的解释——通过使用反思空间和实验空间（分别是用来想象的空间和用来整合与行动的空间），并分别利用微观和宏观事件映射来描绘组织中惯例中断和重新定向的机制。论文没有提供任何新的概念，也没有确认或否定任何变量，而是提供了一个跨时间的事件分析，该事件分析识别出了惯例中断和重新定向的独有步骤。

焦亚方法是系统解释主义的一种形式，在研究者专注于意义和概念发现和/或生成的时候，它是最好的选择。它能系统地导出概念及其关系，以描述和解释一种社会现象（例如，意义构建和意义给予或道德化作为新的概念）。因-艾森哈特方法是质性实证主义的一种形式，在研究者试图聚焦于所关注变量的确认/否定以及检验的时候使用它是最合适的。它是可以用假设的形式进行检验的。兰利方法是多元批判现实主义的一种形式——多元批判现实主义鼓励使用不同类型的分析技术以揭示现实的不同层面，在研究者想要理解时间敏感事件以及事件或过程或组织如何进化时，它是最好的选择。它产生多种多样的依赖时间的地图，这些地图解释了事件是如何随着时间展开的。

选择使用哪种方法取决于个人研究目标和可用数据的类型（数据是质性研究中最宝贵的资源）。例如，有时间记录的事件数据很容易需要兰利方法。当研究者可以获得数值数据时，比如组织绩效数据和访谈数据，因-艾森哈特方法是可行的。当数据主要是访谈数据（文字）时，焦亚方法是一个自然的选择。但是，正如我们将在第 3 章及之后章节描述的那样，平台的使用可以使大量的质性数据（例如，数百到数万个文本文件）和案例的分析成为可能，从而推进了焦亚方法的发展。

质性研究有创造和发挥的空间。我们可以根据研究目标选择焦亚方法、因-艾森哈特方法或兰利方法，它们中的每一种都可以作为进行高质量质性研究的工具。完全没有方法工具（不清楚质性研究要使用哪种主导方法）会削弱质性研究项目的质量，在期刊评审过程中也难以捍卫质性研究结果。

这些方法是不断发展的，不应被视为质性研究中的“决定性方法”或仅有的方法。例如，焦亚的早期版本（1992）研究了福特 Pinto 汽车油箱爆炸一案，使用了描述性解释主义，这是斯塔克（Stake，2010）倡导的一种以描述性方式阐述社会现象的方法。焦亚持续改进了他的方法。同样，兰利（1988）对战略规划作用的研究，以及韦尔奇等（Welch et al.，2008）和其他她不是主要作者的研究，也通常采用描述性解释主义方法。随着时间的推移，这些学者发展出了更复杂的方法。在他们最近的工作中，布赫和兰利（2016）首先提出了一般过程模型的抽象形式（或者他们称为“一阶发现”），然后利用案例（或“二阶发现”）提供了具体的解释和示例。这样做看上去与焦亚方法相反，因为焦亚的二阶分析比一阶分析更概括和抽象。

我们认为，软件辅助的质性研究方法可以增强焦亚方法、因-艾森哈特方法和兰利方法。在本书中，我们选择了焦亚方法进行扩展和充实，通过利用 R 开源工具来实现一种系统的、严谨的却又富有创造性的质性研究方法。一些学者批评焦亚“破坏了纯民族志的呈现”，采用“天真的经验主义”方法，“过于结构化”“过于风格化”“过于抑制创造性见解”，等等（Gioia，2019）。即使是方法体系多元论者也可能被一种特定的理论化观点束缚（通过不提出特定的质性研究方法）。最重要的是一个人对质性研究的各种主流方法的认识，并将这些方法视为自己质性研究的指导和灵感而不是限制。

## 1.4 总结

虽然看似简单，但质性研究和量化研究方法体系一样具有挑战性。任何人都可以唱歌，但要像歌剧明星帕瓦罗蒂（Luciano Pavarotti）或弗莱明（Renee Fleming）那样唱歌，就需要精细的方法和训练。质性研究也是如此。对于质性研究学者来说，好的建议是学习方法体系，实践它，并在必要时调整它。

实施质性研究困难的一个主要原因在于这类研究的隐性和非标准性。在新手研究者看来，高质量和低质量的质性工作之间的差异往往是难以察觉的。事实上，差异是可以观察到的。例如，有趣而新颖的概念或过程模型，这些概念或模型挑战现有的假设，或揭示一个被认为理所当然的过程，或提供一个新的视角。在顶级期刊上被编辑“拷问”的经历是无价的，而且比起遵循一种既定的循序渐进的研究范式，它往往是更好的老师。我们真诚地希望，通过揭示质性研究中常见的误解，阐明质性研究的特点和要求，以及明确三种方法即解释主义-建构主义的焦亚方法、实证主义的因-艾森哈特方法和批判现实主义的兰利方法，我们已经揭开了质性研究的神秘面纱。最后，不应该使用一种质性研究方法（如兰利方法）的逻辑来评估另一种质性研究方法（如焦亚方法），因为它们在本体论和认识论上有本质的不同。

## 参考文献


Alvesson, M., & Kärreman, D. (2007). Constructing mystery: Empirical matters in theory development. *Academy of Management Review, 32*(4), 1265–1281.

Bartunek, J. M., & Rynes, S. L. (2015). Qualitative research: It just keeps getting more interesting! In *Handbook of qualitative organizational research* (pp. 41–55). New York: Routledge.

Brinkmann, S. (2018). *Philosophies of qualitative research*. New York: Oxford University Press.

Bucher, S., & Langley, A. (2016). The interplay of reflective and experimental spaces in interrupting and reorienting routine dynamics. *Organization Science, 27*(3), 594–613.

Chandra, Y. (2017a). A time-based process model of international entrepreneurial opportunity evaluation. *Journal of International Business Studies, 48*(4), 423–451.

Chandra, Y. (2017b). Social entrepreneurship as emancipatory work. *Journal of Business Venturing, 32*(6), 657–673.

Corley, K. G., & Gioia, D. A. (2004). Identity ambiguity and change in the wake of a corporate spin-off. *Administrative Science Quarterly, 49*(2), 173–208.

Cornelissen, J. P. (2017). Preserving theoretical divergence in management research: Why the explanatory potential of qualitative research should be harnessed rather than suppressed. *Journal of Management Studies, 54*(3), 368–383.

Denis, J. L., Lamothe, L., & Langley, A. (2001). The dynamics of collective leadership and strategic change in pluralistic organizations. *Academy of Management Journal, 44*(4), 809–837.

Denzin, N. K., & Lincoln, Y. S. (2011). Introduction. In N. K. Denzin & Y. S. Lincoln (Eds.), *The Sage handbook of qualitative research* (4th ed.). Thousand Oaks: Sage.

Doherty, B., Haugh, H., & Lyon, F. (2014). Social enterprises as hybrid organizations: A review and research agenda. *International Journal of Management Reviews, 16*(4), 417–436.

Dubé, L., & Paré, G. (2003). Rigor in information systems positivist case research: Current practices, trends, and recommendations. *MIS Quarterly, 27*(4), 597–636.

Easton, G. (2010). Critical realism in case study research. *Industrial Marketing Management, 39*(1), 118–128.

Eisenhardt, K. M. (1989a). Building theories from case study research. *Academy of Management Review, 14*(4), 532–550.

Eisenhardt, K. M. (1989b). Making fast strategic decisions in high-velocity environments. *Academy of Management Journal, 32*(3), 543–576.

Fairclough, N. (2003). *Analysing discourse: Textual analysis for social research*. Abingdon: Routledge.

Flyvbjerg, B. (2006). Five misunderstandings about case-study research. *Qualitative Inquiry, 12*(2), 219–245.

Friese, S. (2011). Using ATLAS.ti for analyzing the financial crisis data [67 paragraphs]. *Forum Qualitative Sozialforschung/Forum: Qualitative Social Research, 12*(1), Art. 39. http://nbn-resolving.de/urn:nbn:de:0114-fqs1101397

Garfinkel, H. (1967). *Studies in ethnomethodology*. Malden: Blackwell Publishers.

Geertz, C. (1973). *Interpretation of cultures*. New York: Basic Books.

Gehman, J., Glaser, V. L., Eisenhardt, K. M., Gioia, D., Langley, A., & Corley, K. G. (2017). Finding theory–method fit: A comparison of three qualitative approaches to theory building. *Journal of Management Inquiry, 27*, 284–300. in press.

Gioia, D. A. (1992). Pinto fires and personal ethics: A script analysis of missed opportunities. *Journal of Business Ethics, 11*(5–6), 379–389.

Gioia, D. A. (2007). Individual epistemology – Interpretive wisdom. In E. H. Kessler & J. R. Bailey (Eds.), *The handbook of organizational and managerial wisdom* (pp. 277–294). Thousand Oaks: Sage.

Gioia, D. (2019). If I had a magic wand: Reflections on developing a systematic approach to qualitative research. In B. Boyd, R. Crook, J. Le, & A. Smith (Eds.), *Research methodology in strategy and management*. https://books.emeraldinsight.com/page/detail/Standing-on-the-Shoulders-of-Giants/?k=9781787563360

Gioia, D. A., & Chittipeddi, K. (1991). Sensemaking and sensegiving in strategic change initiation. *Strategic Management Journal, 12*(6), 433–448.

Gioia, D. A., Price, K. N., Hamilton, A. L., & Thomas, J. B. (2010). Forging an identity: An insider-outsider study of processes involved in the formation of organizational identity. *Administrative Science Quarterly, 55*(1), 1–46.

Gioia, D. A., Corley, K. G., & Hamilton, A. L. (2013). Seeking qualitative rigor in inductive research: Notes on the Gioia methodology. *Organizational Research Methods, 16*(1), 15–31.

Glaser, B. G., & Strauss, A. L. (2017). *Discovery of grounded theory: Strategies for qualitative research*. New York: Routledge.

Graebner, M. E., & Eisenhardt, K. M. (2004). The seller's side of the story: Acquisition as courtship and governance as syndicate in entrepreneurial firms. *Administrative Science Quarterly, 49*(3), 366–403.

Grayson, K., & Shulman, D. (2000). Indexicality and the verification function of irreplaceable possessions: A semiotic analysis. *Journal of Consumer Research, 27*(1), 17–30.

Hunt, S. D. (1991). Positivism and paradigm dominance in consumer research: Toward critical pluralism and rapprochement. *Journal of Consumer Research, 18*(1), 32–44.

King, G., Keohane, R. O., & Verba, S. (1994). *Designing social inquiry: Scientific inference in qualitative research*. Princeton: Princeton University Press.

Kozinets, R. V. (2002). The field behind the screen: Using netnography for marketing research in online communities. *Journal of Marketing Research, 39*(1), 61–72.

Langley, A. (1988). The roles of formal strategic planning. *Long Range Planning, 21*(3), 40–50.

Langley, A., & Abdallah, C. (2011). Templates and turns in qualitative studies of strategy and management. In *Building methodological bridges* (pp. 201–235). Bingley: Emerald Group Publishing Limited.

Langley, A., Golden-Biddle, K., Reay, T., Denis, J. L., Hébert, Y., Lamothe, L., & Gervais, J. (2012). Identity struggles in merging organizations: Renegotiating the sameness–difference dialectic. *The Journal of Applied Behavioral Science, 48*(2), 135–167.

Langley, A. N. N., Smallman, C., Tsoukas, H., & Van de Ven, A. H. (2013). Process studies of change in organization and management: Unveiling temporality, activity, and flow. *Academy of Management Journal, 56*(1), 1–13.

Lin, A. C. (1998). Bridging positivist and interpretivist approaches to qualitative methods. *Policy Studies Journal, 26*(1), 162–180.

Lincoln, Y. S., & Guba, E. G. (1985). *Naturalistic inquiry*. Beverly Hills: Sage.

Mair, J., & Marti, I. (2006). Social entrepreneurship research: A source of explanation, prediction, and delight. *Journal of World Business, 41*(1), 36–44.

Nag, R., Corley, K. G., & Gioia, D. A. (2007). The intersection of organizational identity, knowledge, and practice: Attempting strategic change via knowledge grafting. *Academy of Management Journal, 50*(4), 821–847.

Ozcan, P., & Eisenhardt, K. M. (2009). Origin of alliance portfolios: Entrepreneurs, network strategies, and firm performance. *Academy of Management Journal, 52*(2), 246–279.

Prasad, P. (2018). *Crafting qualitative research: Beyond positivist traditions*. New York: Taylor & Francis.

Pratt, M. G. (2009). From the editors: For the lack of a boilerplate: Tips on writing up (and reviewing) qualitative research. *Academy of Management Journal, 52*(5), 856–862.

Ramoglou, S., & Tsang, E. W. (2016). A realist perspective of entrepreneurship: Opportunities as propensities. *Academy of Management Review, 41*(3), 410–434.

Sanders, P. (1982). Phenomenology: A new way of viewing organizational research. *Academy of Management Review, 7*(3), 353–360.

Sobh, R., & Perry, C. (2006). Research design and data analysis in realism research. *European Journal of Marketing, 40*(11/12), 1194–1209.

Stake, R. E. (2010). *Qualitative research: Studying how things work*. New York: Guilford Press.
Strauss, A., & Corbin, J. M. (1990). *Basics of qualitative research: Grounded theory procedures and techniques*. Thousand Oaks: Sage.
Vaccaro, A., & Palazzo, G. (2015). Values against violence: Institutional change in societies dominated by organized crime. *Academy of Management Journal, 58*(4), 1075–1101.
Weick, K. E. (1989). Theory construction as disciplined imagination. *Academy of Management Review, 14*(4), 516–531.
Welch, C. L., Welch, D. E., & Hewerdine, L. (2008). Gender and export behaviour: Evidence from women-owned enterprises. *Journal of Business Ethics, 83*(1), 113–126.
Welch, C., Piekkari, R., Plakoyiannaki, E., & Paavilainen-Mäntymäki, E. (2011). Theorising from case studies: Towards a pluralist future for international business research. *Journal of International Business Studies, 42*(5), 740–762.
Wodak, R., & Meyer, M. (Eds.). (2009). *Methods for critical discourse analysis*. London: Sage.
Yin, R. K. (1981). Life histories of innovations: How new practices become routinized. *Public Administration Review, 41*, 21–28.
Yin, R. (2003). *Case study research: Design and methods*. Thousand Oaks: Sage.
Young, R. A., & Collin, A. (2004). Introduction: Constructivism and social constructionism in the career field. *Journal of Vocational Behavior, 64*(3), 373–388.

# 第 2 章
# 计算机辅助的质性研究：概述

**摘要**

以计算机辅助为基础的质性研究（CAQDAS）是艺术与科学的结合。它依赖于创造力和规范的想象力（Weick K E，Acad Manag Rev 14（4）：516－531，1989）加上系统、准确、可靠和迭代的方法。质性研究的主要挑战是在一个严格的、可辩护的、可审计的过程中“将数百页现场笔记转化成最终的报告”（Miles M B，Huberman A M. Qualitative data analysis：an expanded source book. 2nd ed. Sage，Thousand Oaks，1994：281）。质性研究不是“在大量的数据中无序地蹒跚而行，充满了主要是轶事性质的‘有见地’的观察”（Silverman D. Interpreting qualitative data：methods for analysing talk，text，and interaction. Sage，London，1993：43），相反，这是一种纪律严明但富有创造性的方法，它可以将凌乱、丰富和厚重的数据转换为可识别的模式、概念、流程或机制。为了从传闻式研究转向系统化的质性研究方法，研究者可以利用 CAQDAS 形式的计算技术，并采用一种主流的质性方法（见第 1 章和第 3 章）。本章描述了在质性研究中使用 CAQDAS 的理由，它能使质性研究专业化和合法化。本章还将 RQDA 即质性数据分析的 R 包与其他三个最著名的 CAQDAS 工具即 NVivo，ATLAS. ti 和 MaxQDA 进行比较。（NUDIST 是最早的 CAQDAS 工具之一（Richards T，Richards L. Qual Sociol 14（4）：307－324，1991）。其他类型的 CAQDAS 工具，包括 MaxQDA，QDA Miner，Dedoose 和 webQDA，基于专有技术（需要支付许可证费用）。开源（免费）的 CAQDAS 工具还包括 Aquad、编码分析工具包（CAT）、Transana 和 WeftQDA 等。）

**关键词**

CAQDAS　质性研究　RQDA　ATLAS. ti　NVivo　MaxQDA

## 2.1　基于 CAQDAS 质性研究的综述

基于 CAQDAS 的研究已经进行了 30 多年。研究者利用 CAQDAS 已经在心理学、社会学、管理学、政治学以及健康学等各个领域开展研究[①]。质性研究者应注意，CAQDAS不同于执行自动文本挖掘或自动内容分析的工具，比如Leximancer，ALCESTE或KH Coder。这些工具自动绘制由软件程序分析的文本数据体（语料库），以产生质性结果，几乎没有研究者的输入。相反，基于CAQDAS的质性研究需要研究者在给予文本数据体含义及对其编码方面的输入。CAQDAS还不同于“词袋”软件，例如语言查询和单词计数（LIWC）或DICTION，这些软件将文本数据转换为数字以便进行统计分析。

CAQDAS有助于展开严谨的、系统性的、可辩护的且可审计的质性研究，但它并不能取代研究者的智慧、创造力、勤奋和对细节的关注，因为研究者在CAQDAS的帮助下，必须解读数据、标记代码、给代码加标签并展示代码。

在CAQDAS普及之前，质性学者手动进行质性研究。也就是说，他们使用荧光笔、钢笔/铅笔、彩色的便利贴来给质性数据加标签、做标记（例如，转录的访谈、组织的文件、新闻文章）或将其划分为有意义的不同类别。但是，手动进行质性研究的方法有一些缺点，这些缺点就是研究者转而使用CAQDAS的方法的原因。例如，手动方法限制了研究者和研究合作者（特别是在涉及国际合作者的项目中）及把关人（如期刊编辑及其审稿人）共享代码材料的能力。当研究规模较大时（包含数十个或数百个转录的访谈），分析性编码工作可能会变得非常混乱，研究者试图解读并报告研究发现时，很难在数据和代码之间来回切换。手动的方法也使得研究者很容易忽略数据中的重要细节。很重要的一点是，这种方法限制了代码资料的检索。

使用CAQDAS与用手动方法进行质性研究的一个关键区别在于编码过程。图2-1展示了质性编码过程的手动方法。如图2-1所示，研究者使用手动方法即用不同颜色的便利贴和荧光笔来标记和编码质性数据内含的不同概念（见左图），合并后，编码完成的材料可能看起来如右图所示。当项目相对较大时（收集了大量数据或采用纵向研究设计），研究者可能需要文件袋和塑料箱将它们分成有意义的不同类别。

---

① CAQDAS已被用来帮助多个领域的质性研究，比如艺术和人文学科（Norgaard，2011；Paulus and Lester，2016）、商业和管理（Molecke and Pinkse，2017；Wright and Nyberg，2017）、非营利管理和社会企业（Brown and Guo，2010；Chandra and Shang，2017）、社会工作（Oswald，2017）、城市与环境研究（Lozano and Huisingh，2011；Moore，2009）、公共管理和政治学（Fisher，2013；Micheli and Neely，2010）以及健康学（Colgrove et al.，2010；Håkanson et al.，2010）等。

图 2-1 使用手动方法的编码过程

资料来源：由丹麦罗斯基勒大学（Roskilde University）的巴格森（Rikke Haller Baggesen）博士提供。

图 2-2 展示了如何使用 RQDA 将一段社会创新者的策略和活动编码成多个概念（见左侧）。当点击每个代码概念时，会显示每个概念下有哪些文字数据分类。编码人员可以为每个编码过的文件（例如，转录的访谈）和每个代码（使用属性功能，见第 9 章）编写备忘录。

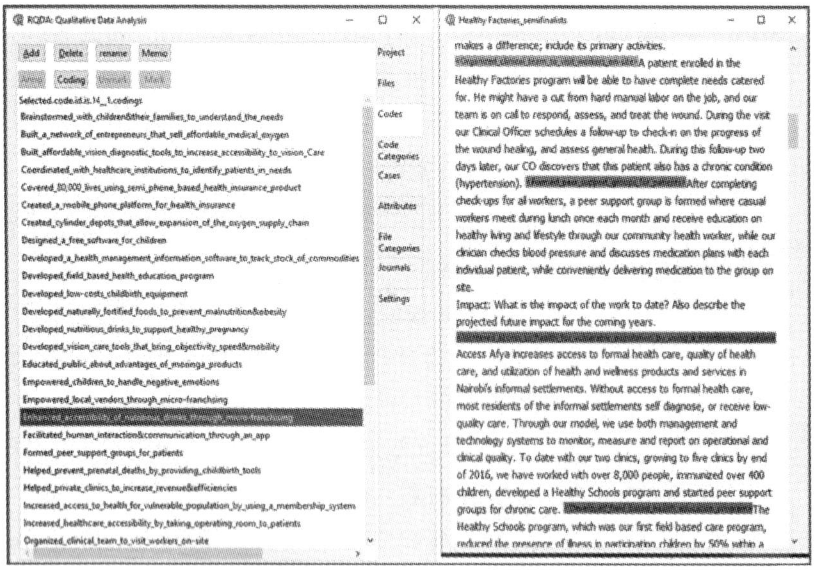


图 2-2 一个使用 RQDA 的编码过程

我们认为，CAQDAS 基于从迈尔斯和休伯曼（Miles and Huberman, 1994）、斯特劳斯和科尔宾（1990）到焦亚等（2013）质性方法论学者所倡导的路线，提高和强化了质性研究的过程。

以下是质性研究使用 CAQDAS 的一些重要原因。

● 它通过可视的和可共享的代码输出，提高了质性研究的透明度，进而提高了可信度（Woods et al.，2015）。

● 它提高了编码过程的效率——制作代码并加上标签，修改/重加标签/删除代码——也能提高比较代码的效率（Bazeley，2007；Saillard，2011）。

● 它支持更细粒度的编码或逐行编码（Creswell，1998）。

● 与手动编码所能做的相比，它支持更深层次的分析（Paulus and Lester，2016）。

● 它有助于对多个类别进行编码，并对数据进行更深入的探索（Wickham and Woods，2005）。

● 它使研究者能够检查代码的一致性（Weber，1985）。

● 它提供“备忘录”功能来记录新出现的理论想法和编码流程（Babbie，2002）。

● 它提高了对相对较大的数据集进行代码数据管理的效率（Morse and Richards，2002）。

● 它简化了代码数据的查找和检索（Sinkovics and Alfoldi，2012）。

● 它简化了代码数据的绘制（可视化）。

● 它使得质性研究更加专业化（Rodik and Primorac，2015）。

● 随着越来越多的基于 CAQDAS 的质性论文发表在顶级期刊上，它获得了合法性。

● 一些 CAQDAS 工具（包括 RQDA）支持混合方法研究。

尽管如此，质性研究者也应该注意 CAQDAS 在质性研究中具有潜在的缺陷：

● 它造成了对 CAQDAS 如何影响研究者进行研究的方式缺乏认知（称为反向失明（reflexive blindness））（Woods et al.，2016）。

● 它使数据分析成为一个严谨和缺乏灵活性的过程（MacMillan，2005）。

● 它在某些情境下拉大了研究者和数据的距离（Sotiriadou et al.，2014）。

● 它有时导致研究者过于接近数据，这称为编码陷阱（Gilbert，2002）。

● 它提供了技术障碍，因为要专门学习和操作 CAQDAS。

● 与使用纸和笔相比，它不是那么“自然”（Rodik and Primorac，2015）。

● 它采用了一种实证主义的方法，该方法将自然世界视为由人类可以研究、理解和操作的对象组成（Roberts and Wilson，2002），因此与质性研究的解释论根基相矛盾。

由于预算限制，一些研究者抵制 CAQDAS。主要的专门的 CAQDAS 对于个人而言通常很昂贵，在这个大学和研究机构预算削减的时代，购买软件的资源通常有限。对于拥有教育许可证书的个人用户，专有的 CAQDAS 的价格动辄就要 700 多美元。这就是为什么本书使用的 RQDA 能为此类预算问题提供解决方案，因为它是开源（免费!）的，并且由开发者定期维护。

简而言之，CAQDAS 的价值取决于用户的目标、使用方式以及用户社区对于它是什么以及应如何使用（或不应如何使用）的认识。

## 2.2 主要的 CAQDAS 工具及 RQDA 的出现

选择 CAQDAS 工具就像购买智能手机一样：选择取决于一个人的需求和目标。人们往往需要用一种属性来换取另一种属性，比如选择一个可以支持不同类型数据文件的 CAQDAS 工具，但要有一本充满行话的手册和许多复杂的软件术语。或者有些 CAQDAS 工具提供全天候的技术支持，但成本相当高。为了帮助读者做出明智的选择，我们对四个流行的 CAQDAS 工具进行了比较——三个专有工具，即 ATLAS. ti，NVivo 和 MaxQDA 以及我们感兴趣的免费开源 CAQDAS 工具 RQDA。比较主要集中在三个方面：技术规范、计算能力和方法体系取向（见表 2-1)。

如表 2-1 所示，RQDA 是市场上最近发布的 CAQDAS 工具。其余的工具都是在 20 世纪 80 年代末开发的，但定期更新。RQDA 是为数不多的免费 CAQDAS 工具之一。它之所以能免费，因为它是由一个不谋求软件利润的开发者维护的。其他三个工具是由收取许可证和培训费的公司开发和维护的。

表 2-1 CAQDAS 工具比较

| | RQDA | ATLAS. ti | NVivo | MaxQDA |
|---|---|---|---|---|
| **技术规范** | | | | |
| 首次发行 | 2008 年 | 1993 年（原型产生于 1989 年） | 1999 年（前身是 1989 年的 NUD*IST) | 1989 年 |
| 最近一次更新 | 2016 年（RQDA 版本 0.2-8) | 2017 年（ATLAS. ti 版本 8.1) | 2017 年（NVivo 版本 11.4.1) | 2017 年（MaxQDA 版本 18.0) |
| 开发者 | 黄荣贵（一位社会学学者） | ATLAS. ti 科学软件研发有限责任公司 | QSR 国际有限公司 | VERBI 有限责任公司 |
| 许可证和收费要求 | 免费（在 R 平台上运行） | 专有 | 专有 | 专有 |
| 是否提供技术支持及其类型 | 免费（开源），但不提供技术支持 | 付费版本提供技术支持 | 付费版本提供技术支持 | 付费版本提供技术支持 |
| 支持的操作系统 | Win，OSX，Linux | Win，OSX，iPad，Android | Win，OSX | Win，OSX |
| 需要的支持软件 | RQSlite 用于数据库；RGtk2 和 GTK+ 用于图形用户界面（GUI) | 无 | 无 | 无 |
| 文件兼容性 | 仅支持文本文件（.txt) | 音频、图形、文本、视频 | 音频、图形、文本、视频 | 音频、图形、文本、视频 |
| 数据分析支持的语言 | 允许导入多种外语数据 | 允许导入多种外语数据 | 允许导入多种外语数据 | 允许导入超过 10 种外语数据 |

续表

| | RQDA | ATLAS. ti | NVivo | MaxQDA |
|---|---|---|---|---|
| **计算能力** | | | | |
| 编程语言技能要求 | 需要有一定的 R 语言编程知识，同时具备点击即可的功能 | 不需要编程语言技能，这是一个点击即可的程序 | 不需要编程语言技能，这是一个点击即可的程序 | 不需要编程语言技能，这是一个点击即可的程序 |
| 统计功能与混合方法能力 | 使用户能够写统计分析的 R 命令，并在“同一个平台”上应用各种 R 包进行统计分析 | 可将数据属性转换为表格或交叉表（矩阵），以便在 SPSS 中进行进一步的统计分析 | 可将数据属性转换为表格或交叉表（矩阵），以便在 SPSS 中进行进一步的统计分析 | 可进行描述性统计分析（仅适用于 MaxQDA Analytics Pro） |
| 允许多用户同时使用的能力 | 不支持多个用户同时使用软件 | 多个用户不能同时使用软件 | 允许多个用户同时使用软件 | 有限多个用户可以同时使用软件 |
| GUI | 对新手和有经验的用户来说都是简单且易于操控的 | 对新手来说，操控有些复杂；按钮和菜单功能太多 | 对新手来说，操控有些复杂；按钮和菜单功能太多 | 对新手来说，操控有些复杂；按钮和菜单功能太多 |
| 主要 CAQDAS 功能 | 编码、聚合、查询、备忘录、可视化 | 编码、聚合、查询、备忘录、可视化 | 编码、聚合、查询、备忘录、可视化 | 编码、聚合、查询、可视化、统计工具 |
| 代码的聚合能力 | 编码的层次结构不超过两级（简约为王） | 有限或无编码层次结构功能 | 良好的编码层次结构功能 | 良好的编码层次结构功能 |
| 代码输出文件 | 可导出为 HTML 文件 | 可导出至 SPSS 和 XML | 可导出 RTF，Excel 和 HTML 表格 | 可导出 Excel，HTML 和 RTF |
| 布尔搜索 | 允许进行复杂的布尔搜索 | 允许进行复杂的布尔搜索 | 允许进行复杂的布尔搜索 | 允许进行复杂的布尔搜索 |
| 输出类型 | 美观的一阶和二阶代码的可视化效果图 | 代码列表、代码层级、代码共现、代码人 | 图表代码、词树、词云、思维导图、概念图、聚类分析、树状图、社会关系网图 | 代码矩阵、代码关系、文件画像、文件对比图、词云 |
| **方法体系** | | | | |
| 将所有材料作为一个解释单位来处理 | 是，仅适用 . txt 文件 | 是，针对所有类型文件 | 是，针对所有类型文件 | 是，针对所有类型文件 |
| 大型数据集的记录、存储、索引、排序 | 是 | 是 | 是 | 是 |
| 跨界合作 | 是，可进行文件分享 | 是，可进行实时团队合作 | 是，可进行实时团队合作 | 不支持实时团队合作 |
| 编码灵活性 | 是 | 是 | 是 | 是 |
| 代码比较 | 是 | 是 | 是 | 是 |
| 详尽的编码方案 | 是 | 是 | 是 | 是 |

续表

| | RQDA | ATLAS. ti | NVivo | MaxQDA |
|---|---|---|---|---|
| **方法体系** | | | | |
| 需要研究者的反向认知 | 是 | 是 | 是 | 是 |
| 与数据的紧密性 | 是 | 是 | 是 | 是 |
| 数据属性添加 | 是 | 是 | 是 | 是 |
| 数据分析的透明度和可信度 | 是 | 是 | 是 | 是 |
| 高效、准确的检索 | 是 | 是 | 是 | 是 |
| 代码可视化 | 是 | 是 | 是 | 是 |

RQDA 是作为一个包开发的，是非常流行的开源 R 计算平台的一部分。作为开源工具，RQDA 不提供任何来自开发者的技术支持（例如，没有在线支持或电话热线中心）。

到目前为止，RQDA 只支持文本（. txt①）文件，并不像商业 CAQDAS 工具那样支持音频、图片、视频和社交媒体文件。但是，它支持十多种非英语语言的文本数据，包括汉语、日语、韩语、阿拉伯语、德语、法语、西班牙语、印度尼西亚语等主要语言的文本数据，并支持被颜色高亮标记的 PDF 文件。

RQDA 的设计是为了简化编码，因此刻意避免使用复杂的树状代码分类。它提供了两级代码，即一阶代码和二阶主题，以支持理论构建研究。RQDA 采用简单的一阶或二阶数据聚合功能是为了让研究者能够推进理论构建的过程 (Denzin and Lincoln，2005)。

一阶概念是指对一个文本（如深度访谈的一个短语、一句话、一段话或多段话）的表述或总结，即编码成一个简短的标签。例如，采访笔录中的一句话“我们雇用了前恐怖分子来做各种服务工作，从服务到等待顾客。为什么这很重要？因为这可以帮助他们更加谦卑，因为他们认为自己是最正义的”，可以解读和编码为“服务_等待_顾客_是_谦卑的”作为一个一阶概念。研究者对一组一阶代码进行编码后，会再将意义相近的一阶代码聚合成一个高阶主题，称为二阶主题。例如，“与不同宗教、人种和种族的人互动”“与国家官员互动”“与恐怖主义受害者家属和解而进行的互动”等一阶代码，可以聚合成“扩大_社交_圈”作为二阶主题。

RQDA 的优势在于它在 R 计算平台上运行。RQDA 可以扩展到对编码后结果的统计分析（一种更实证主义的方法来开展质性研究，见第 1 章），因而

① 对于 Windows 用户，研究者可以打开一个质性数据文件（例如，转录的访谈），然后点击“另存为”保存为“. txt ”文件格式。对于 Mac OS 用户，点击“另存为”保存为“. txt ”纯文本格式。

可以实现在单一平台上进行混合方法研究。RQDA 很容易被有经验的 R 用户采用。对于新手用户来说，RQDA 打开了一扇新的窗户，让他们有机会进入 R 这个强大的计算工具的世界。第 5～11 章将为新用户提供分步指导。

虽然启动与下载 RQDA 需要一些基本的编程技能，但所需的编程技能是非常基础的，用户可以将编程语句存储在非程序文件（如记事本或 .txt 文件）中，很容易将其复制、粘贴到 R 控制台中，以避免出错。对于编码工作，像 ATLAS. ti，NVivo 和 MaxQDA 工具一样，RQDA 是一个完全基于 GUI 的工具。与其他三个工具类似，RQDA 的实际用途——从新项目的创建、导入转录的访谈、逐行编码到加代码标签、聚合和绘图——都可以通过 GUI 中的“点击”来实现。重要的一点是，RQDA 的 GUI 比其他工具简单得多，这使得它对新手来说没有那么可怕。多年来随着 ATLAS. ti，NVivo 和 MaxQDA 的技术功能和能力越来越强，它们的 GUI 也越来越复杂，这可能会让新手望而却步。

RQDA 中编码输出的可视化功能也比较简单。输出的代码看起来美观又专业。与其他很多输出可视化功能的工具不同，RQDA 专注于两级代码可视化，因此很容易让人阅读且“找到故事”。

可以将编码后的输出转化为 HTML 文件（或多个 HTML 文件）是 RQDA 的另一个优势。它允许研究者与合作者跨地域共享代码数据。它还可以使用户方便地在 HTML 文件中对代码或感兴趣的关键字进行查找。

从方法论的角度来看，RQDA 与 ATLAS. ti，NVivo 和 MaxQDA 非常相似，所有导入的文本性数据（如访谈记录、新闻文章或组织的文件）都被视为一个单一的分析实体或一个解释单元。RQDA 和其他三个工具一样，可以记录、存储、分类和检索大型代码数据集，并便于灵活编码（修改和删除代码标签等）。它还可以创建可审核的工作流程，以便其他研究者或审稿人可以检查数据的分析方式和编码过程中的一致性。此外，它还可以记录数据属性（如数据的来源和年份、受访者的人口统计学变量等），并根据数据属性进行案例比较，以提供对数据更多的见解。

## 2.3　总结

正如因（1994，p. 16）所言：“矛盾的是，研究策略越是‘软’，就越难做。”作为一门软科学，质性研究将 CAQDAS 作为一种策略纳入其中，可以用来解决研究者以及读者和审稿人经常提出的关于质性研究质量的许多问题。CAQDAS 为增强质性研究的合法性和影响力提供了一个绝佳的工具。本章阐述了 RQDA 的优势，并指出了它与主流 CAQDAS 工具的相似之处和不同之处。正如技术推动了医学实践的发展，我们相信它们也将推动质性研究实践的发展（并使质性研究更加专业化）。

## 参考文献


Babbie, E. (2002). *The basics of social research* (2nd ed.). Belmont: Thomson Learning.

Bazeley, P. (2007). *Qualitative data analysis with NVivo*. London: Sage.

Brown, W. A., & Guo, C. (2010). Exploring the key roles for nonprofit boards. *Nonprofit and Voluntary Sector Quarterly, 39*(3), 536–546.

Chandra, Y., & Shang, L. (2017). Unpacking the biographical antecedents of the emergence of social enterprises: A narrative perspective. *Voluntas: International Journal of Voluntary and Nonprofit Organizations, 28*(6), 2498–2529.

Colgrove, J., Abiola, S., & Mello, M. M. (2010). HPV vaccination mandates—Lawmaking amid political and scientific controversy. *New England Journal of Medicine, 363*(8), 785–791.

Creswell, J. W. (1998). *Qualitative inquiry and research design: Choosing among five traditions*. London: Sage.

Denzin, N. K., & Lincoln, Y. S. (2005). Introduction: The discipline and practice of qualitative research. In N. K. Denzin & Y. S. Lincoln (Eds.), *The Sage handbook of qualitative research* (3rd ed., pp. 1–32). Thousand Oaks: Sage.

Fisher, D. R. (2013). Understanding the relationship between subnational and national climate change politics in the United States: Toward a theory of boomerang federalism. *Environment and Planning C: Government and Policy, 31*(5), 769–784.

Gilbert, L. S. (2002). Going the distance: 'Closeness' in qualitative data analysis software. *International Journal of Social Research Methodology, 5*(3), 215–228.

Gioia, D. A., Corley, K. G., & Hamilton, A. L. (2013). Seeking qualitative rigor in inductive research: Notes on the Gioia methodology. *Organizational Research Methods, 16*(1), 15–31.

Håkanson, C., Sahlberg-Blom, E., & Ternestedt, B. M. (2010). Being in the patient position: Experiences of health care among people with irritable bowel syndrome. *Qualitative Health Research, 20*(8), 1116–1127.

Lozano, R., & Huisingh, D. (2011). Inter-linking issues and dimensions in sustainability reporting. *Journal of Cleaner Production, 19*(2), 99–107.

MacMillan, K. (2005). More than just coding? Evaluating CAQDAS in a discourse analysis of news texts. *Forum: Qualitative Social Research, 6*(3), Art. 25. Retrieved from http://www.qualitative-research.net/fqs/fqs-eng.htm

Micheli, P., & Neely, A. (2010). Performance measurement in the public sector in England: Searching for the golden thread. *Public Administration Review, 70*(4), 591–600.

Miles, M. B., & Huberman, A. M. (1994). *Qualitative data analysis: An expanded source book* (2nd ed.). Thousand Oaks: Sage.

Molecke, G., & Pinkse, J. (2017). Accountability for social impact: A bricolage perspective on impact measurement in social enterprises. *Journal of Business Venturing, 32*(5), 550–568.

Moore, K. S. (2009). Gentrification in Black face?: The return of the Black middle class to urban neighborhoods. *Urban Geography, 30*(2), 118–142.

Morse, J. M., & Richards, L. (2002). *Read me first for a user's guide to qualitative methods*. Thousand Oaks: Sage.

Norgaard, M. (2011). Descriptions of improvisational thinking by artist-level jazz musicians. *Journal of Research in Music Education, 59*(2), 109–127.

Oswald, A. G. (2017). Improving outcomes with qualitative data analysis software: A reflective journey. *Qualitative Social Work*, 1473325017744860. https://doi. org/10.1177/1473325017744860

Paulus, T. M., & Lester, J. N. (2016). ATLAS.ti for conversation and discourse analysis studies. *International Journal of Social Research Methodology, 19*(4), 405–428.

Richards, T., & Richards, L. (1991). The NUDIST qualitative data analysis system. *Qualitative Sociology, 14*(4), 307–324.

Roberts, K. A., & Wilson, R. W. (2002). ICT and the research process: Issues around the compatibility of technology with qualitative data analysis. *Forum Qualitative Sozialforschung/Forum: Qualitative Social Research, 3*(2), Art. 23. http://nbn-resolving.de/urn:nbn:de:0114-fqs0202234. Accessed 8 Jan 2013.

Rodik, P., & Primorac, J. (2015, January). To use or not to use: Computer-assisted qualitative data analysis software usage among early-career sociologists in Croatia. In *Forum: Qualitative social research* (Vol. 16, No. 1). Berlin: Freie Universität

Saillard, E. K. (2011). Systematic versus interpretive analysis with two CAQDAS packages: NVivo and MAXQDA. *Forum Qualitative Sozialforschung/Forum: Qualitative Social Research, 12*(1). http://www.qualitative-research.net/index.php/fqs/article/view/1518

Silverman, D. (1993). *Interpreting qualitative data: Methods for analysing talk, text, and interaction*. London: Sage.

Sinkovics, R. R., & Alfoldi, E. A. (2012). Progressive focusing and trustworthiness in qualitative research. *Management International Review, 52*(6), 817–845.

Sotiriadou, P., Brouwers, J., & Le, T. A. (2014). Choosing a qualitative data analysis tool: A comparison of NVivo and Leximancer. *Annals of Leisure Research, 17*(2), 218–234.

Strauss, A., & Corbin, J. M. (1990). *Basics of qualitative research: Grounded theory procedures and techniques*. Newbury Park: CA, Sage.

Weber, P. R. (1985). *Basic content analysis*. Beverly Hills: Sage.

Weick, K. E. (1989). Theory construction as disciplined imagination. *Academy of Management Review, 14*(4), 516–531.

Wickham, M., & Woods, M. (2005). Reflecting on the strategic use of CAQDAS to manage and report on the qualitative research process. *The Qualitative Report, 10*(4), 687–702.

Woods, M., Paulus, T., Atkins, D. P., & Macklin, R. (2015). Advancing qualitative research using qualitative data analysis software (QDAS)? Reviewing potential versus practice in published studies using ATLAS.ti and NVivo, 1994–2013. *Social Science Computer Review*, 0894439315596311.

Woods, M., Macklin, R., & Lewis, G. K. (2016). Researcher reflexivity: Exploring the impacts of CAQDAS use. *International Journal of Social Research Methodology, 19*(4), 385–403.

Wright, C., & Nyberg, D. (2017). An inconvenient truth: How organizations translate climate change into business as usual. *Academy of Management Journal, 60*(5), 1633–1661.

Yin, R. (1994). *Case study research design and method*. Beverly Hills: Sage.

# 第 3 章
# 如何进行基于 CAQDAS 的质性研究

**摘要**

本章将解释主义-建构主义的焦亚方法与 RQDA 结合起来，并展示如何进行质性研究。

**关键词**

焦亚质性研究模型　RQDA　基于 CAQDAS 的质性研究　数据收集　数据分析

## 3.1 第一步：阐述研究问题

在开始质性研究时，作为研究的最佳实践方法，应该提出一个明确、有用和有意义的研究问题。这不仅是因为把关人和读者关注这个，而且因为清晰地阐明一个研究问题：(1) 有助于研究者保持专注，以彻底回答问题（尤其是考虑到质性研究的“混乱”和冗长的性质）；(2) 使审稿人和期刊编辑更容易理解一篇质性论文，不用去检查稿件是否回答了问题（见表 3－1）。

质性研究者在提出研究问题时，经常会纠结于这些问题：(1) 什么样的问题适合质性研究？(2) 在一篇稿件中，我应该有多少个可接受的研究问题？(3) 我应该如何构思一个研究问题？

首先，质性研究的最佳设计是回答“为什么”和“如何”[①] 的问题。“为什么”和“如何”的问题通常需要一个“长”与“短”的答案，这与质性数据的开放式性质相吻合。这些问题往往要求对一个过程、事件或机制进行解释。

**表 3－1　使用 RQDA 的焦亚质性研究模式**

| 步骤 | 关键准则 | 蔡振荣（2017）的例子 |
| --- | --- | --- |
| (1) 阐述研究问题 | 一开始提出明确的研究问题<br>针对变化、过程或事物如何运作和展开，提出“为什么和如何”的问题 | “社会创业如何把个人从意识形态的束缚和自己过去的行为中解放出来？” |

① 例如，在一项旨在了解意大利西西里岛公民如何抵制向黑手党组织交保护费的研究中，瓦卡罗和帕拉佐（2015）提出了一个“如何”的问题：在有组织的犯罪占主导地位的社会情境下，变革举措如何才能成功？在另一项研究中，焦亚等（2010）用两个“如何”的问题探讨了组织认同的形成过程：新生组织的成员如何形成对“我们作为一个组织是谁？”的集体认识，以及一个新成立的组织如何在其领域或行业中形成自己作为社会行为者的意识？

续表

<table>
<tr><th>步骤</th><th>关键准则</th><th>蔡振荣（2017）的例子</th></tr>
<tr><td rowspan="2">（1）阐述研究问题</td><td>每篇质性文章不超过两个问题</td><td rowspan="2"></td></tr>
<tr><td>最好是新的、有意义的问题</td></tr>
<tr><td rowspan="5">（2）文献综述</td><td>一开始就查阅文献资料，了解背景资料和空缺，但不要让这些资料限制或指导你的调查</td><td rowspan="2">阅读一篇新闻文章，作者是一名改过自新的前恐怖分子，他帮助其他恐怖分子离开恐怖主义世界，成为一名企业家。这引发了一些耐人寻味的问题。“前恐怖分子真的可以改过自新吗？为什么和如何做到这一点？”</td></tr>
<tr><td>必要时，在初步的文献回顾后，完善研究问题</td></tr>
<tr><td>探索那些对所关注的现象提供反直觉视角的文献</td><td rowspan="3">考虑恐怖主义理论和批判性社会理论（如解放、压迫、意识形态）和心理学理论（如认同、自尊、赋权）</td></tr>
<tr><td>引入或借用其他学科的文献，扩展/丰富现有的理论/知识</td></tr>
<tr><td>注重新的情境，从而探索新的文献以扩展和丰富现有的理论/知识</td></tr>
<tr><td rowspan="5">（3）样本选择</td><td>使用目的性抽样（寻找能够为理论/实践/政策提供最佳贡献的样本），或者从目的性抽样转为理论性抽样（通过做初步的数据分析，决定下一步收集什么数据，直到出现一个理论）</td><td rowspan="5">研究结果表明，成为积极变革推动者的前恐怖分子可以帮助其他前恐怖分子找到另一种生活方式，这是一个具有启示性的案例（以前社会科学家无法获得），因此值得研究。选择研究这些前恐怖分子是有意为之，以揭示新的现象和过程（目的性抽样）。由于缺乏其他类似的案例进行比较，研究者决定把重点放在前恐怖分子的变化上</td></tr>
<tr><td>注重达到分析概括</td></tr>
<tr><td>实用主义：多案例设计是可取的，但单案例设计也是有用的（如新颖案例、启示性案例、极端案例、偏差案例或典型案例）</td></tr>
<tr><td>对于多案例设计：采用文字复制，帮助预测类似的结果；通过理论复制，用可预测的原因推测相反的结果</td></tr>
<tr><td>确保案例的合法性、可信度，并能提供新的见解</td></tr>
<tr><td rowspan="2">（4）拟定访谈提纲</td><td>起草一份初步的访谈提纲；随着数据收集的进展，调整访谈问题，以捕捉新的、重要的主题或想法</td><td rowspan="2">访谈提纲中的问题包括：“你为什么和如何加入恐怖主义？”“是什么让你离开恐怖主义的世界？”“你是如何开始帮助其他恐怖分子过上正常生活的？”</td></tr>
<tr><td>最好采用半结构化的访谈提纲</td></tr>
<tr><td rowspan="5">（5）数据收集</td><td>进行多次访谈，使用多个信息提供者，以达到最佳效果</td><td rowspan="2">2013—2016 年对 7 人进行了访谈，包括前恐怖分子、社会企业工作人员、恐怖主义专家等，其中 2 人是前恐怖分子（共 10 次访谈）</td></tr>
<tr><td>尽可能使用数据三角论证</td></tr>
<tr><td>收集丰富而厚实的数据</td><td rowspan="3">二手数据包括 57 篇在线新闻文章、YouTube 和 TED 演讲视频以及其中一名前恐怖分子拍摄的纪录片</td></tr>
<tr><td>边收集数据边分析</td></tr>
<tr><td>要有包容性，把“所有的都看成数据”（将主要的访谈记录、新闻报道、观察、档案数据等进行编码）</td></tr>
</table>

续表

| 步骤 | 关键准则 | 蔡振荣（2017）的例子 |
| --- | --- | --- |
| （6）数据分析 | **数据分析的准备工作** | |
| | ①在计算机上安装 R，RSQLite，GTK+，RQDA | |
| | ②将质性数据保存为单独的“. txt ”文件 | |
| | ③启动 RQDA | |
| | ④创建一个新项目 | |
| | ⑤将所有 . txt 文件导入 RQDA 中 | |
| | **编码过程** | 一名研究者担任主要数据编码员，其他研究者对编码结果进行点评，寻求对编码数据达成共识 |
| | ⑥在 RQDA 中，进行归纳数据分析，将 . txt 数据编码为一阶概念。读取、解释数据，然后点击导入数据上的“标记”（Mark）、“取消标记”（Unmark），进行执行（撤销）编码的操作 | |
| | ⑦点击“属性”（Attributes），捕捉关键数据属性（如数据来源、信息提供者的人口统计特征、因变量） | 在国内和国际会议上介绍研究结果，征求反馈意见，以完善编码结果 |
| | ⑧点击“备忘录”（Memo），为每个案例写备忘录；备忘录可以是编码中的内容或决策或过程 | 对一些代码重新标注，以完善其含义；出于简明的原因，对其他含义相似的代码进一步合并以求简明 |
| | **代码聚合** | |
| | ⑨使用“添加到”（Add To）按钮，将所有一阶概念聚合到二阶主题。为了进一步将二阶主题组合到聚合维度，请将所有（一阶和二阶）代码复制并粘贴到 Excel 电子表格中，据此将意义相近的代码组合成更高级别的代码 | |
| | **代码绘制和共享** | 将编码后的 HTML 结果输出，通过电子邮件或打印件与其他研究者分享以寻求反馈 |
| | ⑩使用鼠标选择所有二阶主题，点击鼠标右键，并选择“绘制所选代码类别”（Plot Selected Code Categories） | |
| | **展示结果** | 开发一个分析的编码过程/数据结构来总结研究结果（见图 3-1） |
| | ⑪将所有编码数据重新整理成“数据结构”格式（使用表格来组织），或使用三阶分析编码过程 | |
| （7）阐述理论 | 通过在研究结果和文献之间的来回（必要时多次），将二阶和聚合维度之间的动态关系阐述成一个过程模型，形成自己的理论 | 通过开发一个过程模型实现“得出结论”（见图 3-2） |

其次，研究者设计包含多个研究问题的质性研究是很常见的，尤其是在纵向或复杂的项目中。然而，在撰写期刊发表的稿件时，编辑和审稿人一般总是

希望论文专注于一个或两个研究问题①。如果研究者有两个问题，通常它们之间也有很深的关联。最后，研究者还需要框定研究问题，使其具有适当的新意，但又不过于狭窄或过于宽泛，从而限制或模糊了研究者对某一领域的贡献。例如，瓦卡罗和帕拉佐（2015）从反黑手党活动家的视角和行动出发，框定了一个包含新颖情境（如意大利西西里岛黑手党控制的社会）的问题，并将制度变革的文献，特别是价值观的作用联系起来。通过提出“让价值观起作用”的战略运用有利于社会制度化变革的理论，为该领域做出了新的贡献。在另一项研究中，蔡振荣（2017）构思了一个研究问题，以扩展解放理论。通过调查前恐怖分子的行为，将他们的社会创业视为一种解放工作，推进了对社会创业的研究，为该领域提供了一个新的过程模式和视角。

## 3.2　第二步：文献综述

寻找、明确和构建研究问题的过程往往涉及对研究主题或研究领域的初步文献回顾。这个过程是循环的（来回的）而不是线性的，以确保研究问题适合②质性研究，并确保所提出的问题能够对某一领域做出原创性的、强有力的贡献。由于在文献和研究问题之间来回反复，在这一过程中，研究者可能会改变原始的研究问题，提炼研究问题，或者干脆重新构建研究角度。在进行质性研究时，研究者可能会在研究过程中观察到一个出人意料却又非常有趣的现象，然后在研究项目进行到一半时决定重新定义研究问题。

在研究手稿中撰写最初的文献综述，听起来容易，但实际要付出不少努力。不同的学者有不同的方法。有些研究者采取的是一种反其道而行之的方法，即对某一领域的文献和研究结果进行考察，然后提出一个反其道而行之的研究问题。例如，当学者们对某一现象或建构的积极方面（如社会创业及其积极的社会影响）达成共识时，研究者可能会希望找到一些文献，这些文献中的见解或初步证据表明，社会创业会对社会产生负面影响。这种反其道而行之的研究方法可以是卓有成效的，因为它可以帮助研究者形成理论或概念的边界条件（理论成立的条件或情况）。

另一种方法是借用其他领域的文献，在本领域发展新的理解和解释（例如，将批判社会理论引入社会创业领域）。还有一种方法是选取新的情境和新的文献来丰富某个研究领域的研究（例如，将犯罪研究中常见的黑手党研究引入组织研究和管理领域）。两种方法——反其道而行之研究和借鉴其他领域的文献——本质上是为了帮助构成理论的创新。

---

① 有的研究者在一篇质性稿件中提出3～5个研究问题，这可能会分散论文的重点和定位，使论文的篇幅过长，导致答案分散。

② 快速评估一个主题是否值得进行一次质性研究的方法之一是做一个简单的Web of Science，Scopus或谷歌学术（Google Scholar）检查，看看在某一主题领域发表过多少文章，并阅读检索到的文章的摘要。

## 3.3 第三步：样本选择

我应该抽取一个案例还是多个案例？一个阵营（质性实证主义者）认为，应严格地主张多案例研究的抽样方法，因为它有利于理论复制，因为案例的设计涵盖了不同的理论条件，可以通过涵盖各类原因来预测不同的结果。另一个阵营认为，单案例研究是进行分析概括的一种手段，是合法且合理的（Yin，2003），从案例数据中获得的见解可以支持一种理论，或概括一种理论。显然，质性研究的结论并不追求统计学意义上的对总体的概括（Yin，2003），而是为了发现新的见解或发展新的概念或过程，即分析概括。无论采用何种方法，研究者都会采用目的性抽样，或者创造性地从目的性抽样开始，必要时转为理论性抽样。

从实用角度看，多案例和单案例设计都是合理且有用的。采用哪类抽样取决于感兴趣的案例的可获得性。假设资源和时间不是制约因素，那么最明显的制约因素就是能否获得样本（例如，一个人、组织、群体或国家）。另一种策略是确保案例是合法的、可信的、能提供新的见解的、值得发表的。

那么，什么时候采用单案例设计是最佳的或是最理想的？当研究者发现了一种新现象时，单案例是合理的。比如说，想想在 2014 年的印度尼西亚雅加达（世界上穆斯林人口最多的地方），一个非穆斯林男子成为印度尼西亚雅加达省省长，这是历史上的第一例，这就是值得做的一个单案例研究，因为这是印尼政坛上第一个案例（Hatherell and Welsh，2017）。研究者可以提出这样一个问题："是什么促使了少数族裔政治家取得选举成功?"另一个单案例设计是新型政治沟通的出现以及美国领导人的这种沟通形式如何影响到与战略竞争对手的贸易关系。

采用单案例抽样的一个原因是，当一种现象具有启示性时——提供了新的机会，人们能够接触到以前无法接触到的科学调查。例如，鉴于大多数研究者无法接触到某类组织（例如，大多数前恐怖分子不愿意接受调查）（Chandra，2017），选择一个接纳前恐怖分子和给他们赋能的社会企业（例如，非政府组织）进行抽样调查。

采用单案例研究方法的另一个原因是，当一个事件是极端或罕见或独特的时候，也就是说，它可以提供对罕见事件的记录和分析。例如，古巴导弹危机（Allison，1969），作为美苏对抗的一部分，是现代历史上最危险的时刻之一，就是一个极端的研究案例。日本福岛核电站事故、纳粹的种族灭绝等都是极端案例的好例子。

有些研究者研究一种偏离现象，即描述一种极不寻常的现象或事件，目的是完善或取代已有的理论或假说（通常产生新的命题）。例如，麦克杜格尔等（McDougall et al.，1994）对 24 个"天生全球化的"企业（企业从成立之初就通过在多个国家获得资源和销售产品来得到显著的竞争优势）进行了抽样调查，以挑战现有的国际化理论——企业需要在国内市场上成长和成熟，然后才能走向国际化。这项工作随后导致了一个新的领域——国际企业的诞生。

最后，需要指出的是，当研究者关注典型现象时，单案例设计是合理的。这类研究描述了典型的、正常的或普通的现象，以提供对现象的更深层次的理解。许多质性研究者都采用这种方法，例如，他们用单案例来强调已经知道的现象，如“出口中的拉动和推动因素”（关于出口的 50 年的研究已经揭示了很多关于导致企业出口商品和服务的推拉因素），尽管这种设计并没有发现任何重大的理论突破。

对于多案例设计，研究者通常会采用字面复制法（literal replication），选择几个预测结果相似的案例（通常是 3～4 个）来预测（例如，如果第一个案例显示合并会提高公司业绩，那么研究者会再选取 2～3 个合并后公司业绩提高的案例）。字面复制法最常与理论复制法（分析另外三个或更多的案例）配合使用，作为一种策略，依据另外可测的原因产生相反的结果，其目的是获得严谨的研究结果。例如，为了解某些企业家为什么和如何寻找国际市场机会，以及事先对国际市场的了解是否以及如何影响寻找或发现行为。蔡振荣等（2009）对表现出“寻找”行为的案例（用三个案例进行字面复制）和表现出“发现”行为的案例（用五个案例进行理论复制）进行了抽样分析。这些方法使作者得出结论，即发现国际市场机会的方法可能主要受企业家先验知识的程度和类型等因素的影响。

## 3.4　第四步：拟定访谈提纲

大多数质性研究都会采用某种形式的质性访谈①。为了提高研究的质量，确保所要调查的问题能够回答研究问题，通常需要制定访谈提纲。有些研究者采用结构化的访谈提纲，有些研究者则采用半结构化的访谈提纲。半结构化的访谈提纲由于灵活性较强，比较常用，半结构化的访谈提纲主要适用于发现、探索或发展对社会现实的新的或其他的解释和观点。研究者在进行现场访谈时，往往会对访谈提纲中的问题进行重构或细化，使之更加聚焦于自己的研究问题，从而使研究结果更加清晰。

在访谈时，研究者应时刻保持好奇心、警惕和反思来评估访谈提纲是否有效，是否可以获得研究问题的答案。比如，信息提供者很健谈，回答不切实际，或者不善于表达或反思，很容易偏离核心话题。

## 3.5　第五步：数据收集

我们建议研究者对每个信息提供者进行多次访谈，并尽可能对每个案例访

① 有些学者采用定量访谈的方式。他们使用结构化的问卷调查表对受访者进行访谈，并在问卷上打“√”。这种类型的访谈通常与质性研究无关。这类访谈就像做调查一样，数据是单薄的、抽象的，而不是厚的、具体的。

谈多个信息提供者，这些可以增加数据的丰富性。一个成功的质性研究需要多少访谈或信息提供者？答案是，这取决于情境和研究问题的不同。例如，瓦卡罗和帕拉佐（2015）进行了 84 次访谈，其中 35 位是活动家，9 位是与反黑手党活动家合作的企业家，7 位是拒绝与黑手党合作的企业家，8 位是消费者，11 位是学生，7 位是教师及学校校长，5 位是黑手党犯罪学家及警察官员，2 位是政界人士。蔡振荣（2017）进行了 10 次深度访谈，涉及 7 人（对 2 名前恐怖分子进行了 5 次访谈，对一家旨在帮助前恐怖分子创业的企业的 3 名工作人员各进行了 1 次访谈，对 2 名恐怖主义专家各进行了 1 次访谈）。

研究者在收集数据的过程中，还应该尽量采集各种渠道的数据，称为“数据三角论证”。也就是说，虽然深度访谈是质性研究的主要数据，但通过文件、观察、新闻文章、网站、社交媒体上的帖子或照片、视频等视觉信息来收集更多的数据，可以增强数据。数据三角论证不仅可以增强质性研究的丰富性和厚度，还可以提高数据的可靠性。例如，新闻文章可以用来交叉核对受访者对某一现象或事件所说的相关事实。照片或 YouTube 视频可以增加受访者的背景信息，或反映受访者对某一问题的看法。社交媒体上的帖子（如脸书、领英、照片墙）可以提供关于调查主题的其他线索，或者帮助研究者与合适的信息提供者建立联系。有些受访者可能非常愿意合作，愿意分享个人或商业文件（如个人日记、商业计划、财务报表、组织结构图、简历、相关人名单等），这些都有助于提高数据收集的质量和数量。一些研究者使用 Skype（或其他视频技术）进行访谈，这种方法已经逐渐被各大学术期刊接受。但在可能的情况下，如果距离或资源没有限制，面对面的访谈会更好，因为它可以让研究者在现场观察现象（例如，可以对工作中的街头清洁工进行访谈，以了解某些人对他们工作的偏见对他们是否有影响），访谈者可以更容易地与受访者进行互动，也可以更加真实地观察现场和对话。

数据的收集和分析通常是一起进行的，因此在收集数据时，研究者就可以（例如，在笔记本或 CAQDAS 工具如 RQDA，或智能手机的记事本上）开始记录一些对感兴趣的现象的关键性观察。

## 3.6 第六步：数据分析

数据分析可以通过手动完成（例如，使用纸、铅笔、荧光笔和便笺）或通过 CAQDAS 的帮助来完成（见第 2 章）。第一步是执行软件安装，使 RQDA 能够运行（关于软件安装，见第 5 章）。第二步是将所有的质性数据（例如，转录的访谈、新闻文章、组织的文件、社交媒体的帖子）转化为 .txt 文件（数据），以便 RQDA 能够读取它们（关于数据准备的更多细节，见第 6 章）。RQDA 启动后，研究者可以创建一个新的项目，将其命名并保存在一个目录中（见第 7 章如何启动 RQDA）。这一步之后，研究者就可以将所有 .txt 文件导入 RQDA 进行编码。

在基于 CAQDAS 的质性研究中，数据分析最重要的部分是编码的过程。这里的编码指的是创建一个标签，这个标签可以最好地概括一个句子、一个短语、一个段落或一组文本，以便于识别和记录。虽然编码听起来可能是一个主观的过程，但当研究者理解了文献中的关键概念后，并让一个或多个合作者和/或“魔鬼扮演者”（质疑编码结果的人）参与进来，这个过程可以产生可辩护的、可信的和透明的研究结果。

简而言之，研究者在这一过程中首先要对一组质性数据进行编码，编码要尽可能地接近数据，以创建一阶概念（关于如何在 RQDA 中进行编码，见第 8 章）。每当一个句子、短语、段落或正文中包含多种含义时，就应该将其编码为多个代码（例如，“老人背着十几岁的儿子”可以编码为“孩子生病了”“老人很强壮”或“不孝子”）。这个过程丰富了数据分析的内容。在对一阶概念进行编码时，研究者会在 RQDA 中读取导入的质性数据中的短语、句子或段落，对该短语、句子或段落进行解读，然后点击数据上的“标记”进行编码。研究者还可以在创建错误的代码时撤销代码（“取消标记”），并不断完善代码标签。RQDA 程序还具有捕捉数据属性的功能（例如，数据来源、信息提供者的人口统计特征、因变量）以及研究者为每个案例编写备忘录的功能（例如，关于内容、编码决策或过程）（关于数据属性和备忘录的更多细节，见第 9 章）。

研究者可以创造性地使用代码标签，以便更好地进行分析。例如，可以在代码标签中使用前缀“A”和“O”来区分“活动”（Activities）和“结果”（Outcomes）的代码（例如，“A _ using _ food _ for _ peace”“O _ reduced _ religious _ conflicts”）。当研究者进行涉及多案例设计的跨案例比较时，可以在代码标签中创建一个前缀，以区分代码标签的含义（例如，用前缀 S 表示绩效高的非营利组织、用 W 表示绩效低的非营利组织：“S _ social _ performance”“W _ social _ performance”），这将便于进行跨案例比较。

在所有的一阶概念建立完成后，研究者会利用 RQDA 中的“添加到”按钮将其聚合为二阶主题（通过合并具有相似含义的一阶代码，将研究结果精简化）。随后，研究者可以点击鼠标右键并选择“绘制所选代码类别”，这会产生将一阶概念和二阶主题联系在一起的代码网络（关于代码聚合、绘制和导出的更多细节，见第 10 章），这个过程可以将研究结果浓缩成一个更小的、更容易管理的概念。为了进一步将二阶代码合并并抽象为更高层次的代码（或“聚合理论维度”），我们建议研究者将所有 RQDA 生成的 HTML 代码复制并粘贴到 Excel 中，并将具有相似意义的代码重新排列组合，在电子表格中进一步创建更高层次的代码。

最后，需要将所有的代码结果进行分类整理，以便读者容易理解。在这个过程中，研究者可以将所有的代码数据重新排列成数据结构格式，有时称为分析代码过程（见图 3 - 1）。使用信息提供者的论述来突出某一特定的观点或事件，为读者和把关人提供证据，这一点非常重要。通常情况下，研究者除了在分析代码过程或数据结构中使用论述外，也会在文章中提供信息提供者的其他论述。

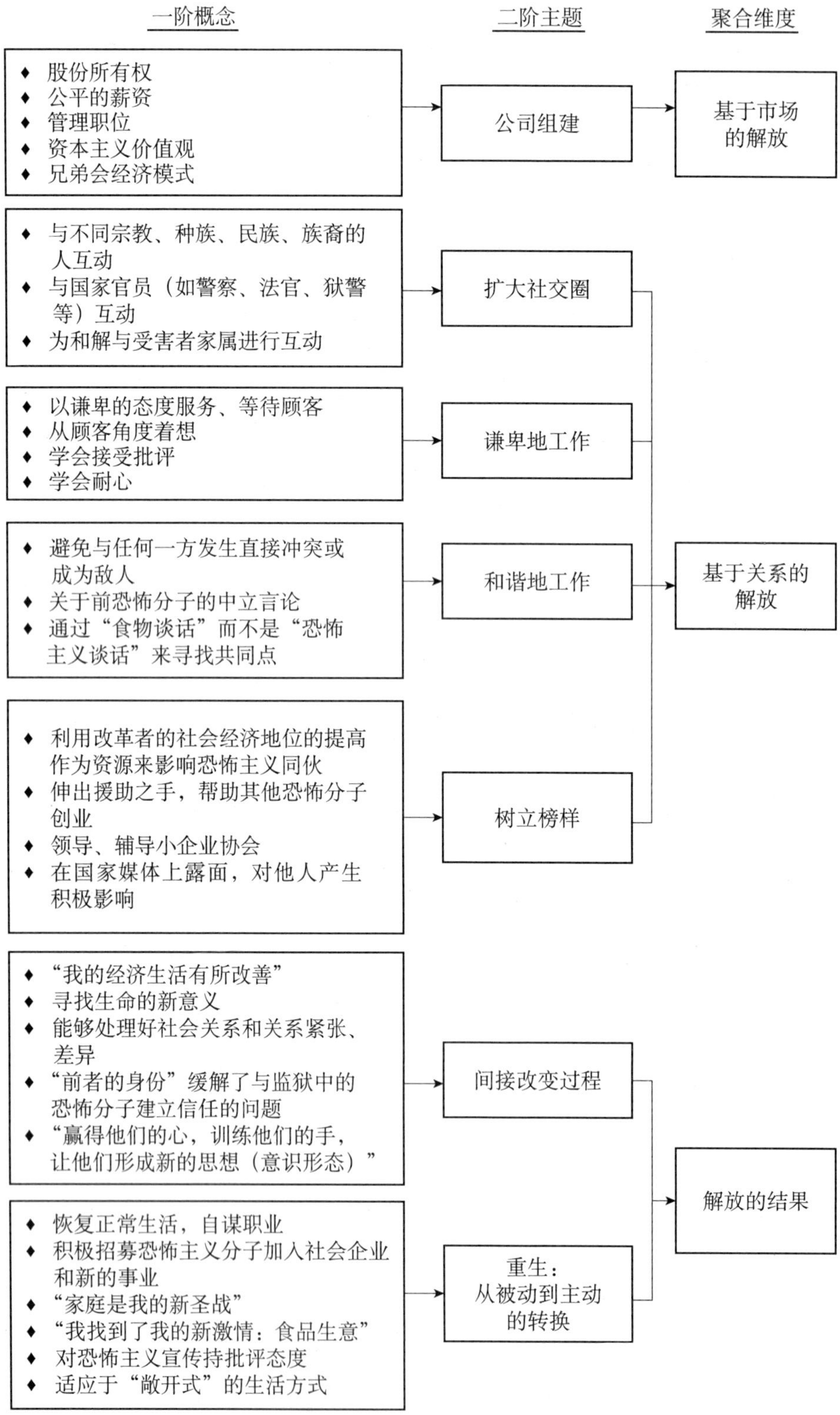


**图 3-1　样本数据结构过程**

注：该数据结构是蔡振荣（2017）在期刊论文审稿过程中创建的，但由于字数限制，未被收录到最终发表的论文中。

## 3.7 第七步：阐述理论

数据分析的最后一步是对所有的研究结果进行总结，以得出结论。在此过程中，研究者要设计一个过程图（或扎根过程模型），描绘出数据中确定的事件、活动或建构之间的关系。在这一阶段，研究者就某一特定的社会现象提出自己的理论，作为对研究问题的答案。通常情况下，研究者在撰写这部分内容时，首先要对理论或过程模型进行概括性的讨论，然后用标题或小标题进行更详细的解释，并提供“肉”（具体的数据）来说明过程模型的运作原理。

构建过程模型或基础理论没有固定的规则，它是一个迭代的过程。术语使用的一致性，在简单与复杂之间取得平衡，突出新颖、独特或与既定信念/理论相反的地方，是构建强大的理论或过程模型的关键步骤。我们鼓励研究者使用专业软件（如 Microsoft Visio）来绘制这样的过程模型。绘制不好的过程模型可能会让人觉得研究者“懒惰 ”或“缺乏应有的努力”，这就会给期刊把关人造成负面的印象。一些开源软件也很好用，比如 draw. io。示例描绘了蔡振荣（2017）在一项关于前恐怖分子的解放维度、过程和结果的研究中建立的过程模型（见图 3－2）。

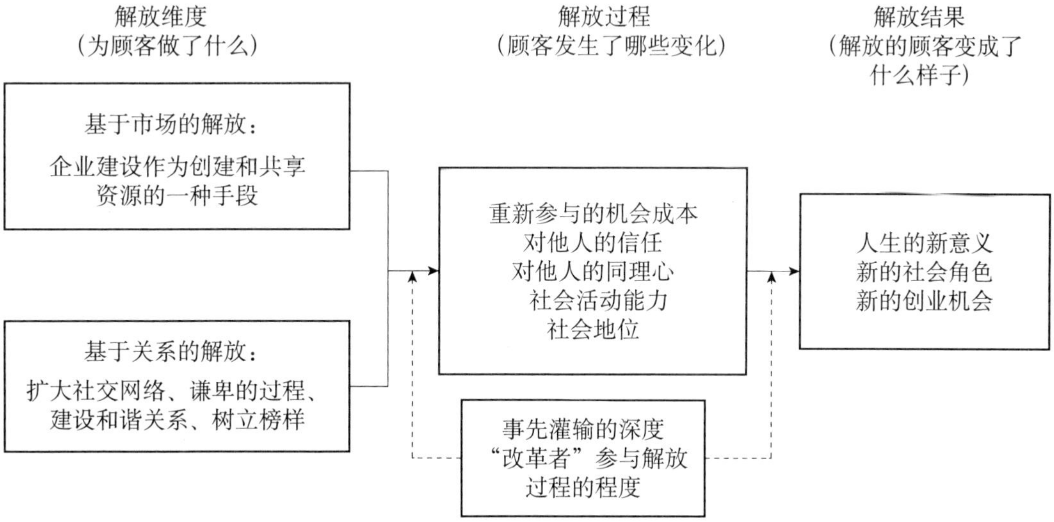


图 3－2 “前恐怖分子解放过程模型” 样本

资料来源：蔡振荣（2017）.

## 3.8 总结

本章将焦亚方法与 RQDA 融合，将其扩展到质性研究中。尽管本章描述的过程看起来相当线性，但实际上并不是，它们存在创造性和发挥的空间，以解决研究问题。本章为如何进行质性研究提供了指导和启发，当然可能还有本章没有涵盖的其他的方法和改进之处。

## 参考文献

Allison, G. T. (1969). Conceptual models and the Cuban missile crisis. *American Political Science Review, 63*(3), 689–718.

Chandra, Y. (2017). Social entrepreneurship as emancipatory work. *Journal of Business Venturing, 32*(6), 657–673.

Chandra, Y., Styles, C., & Wilkinson, I. (2009). The recognition of first time international entrepreneurial opportunities: Evidence from firms in knowledge-based industries. *International Marketing Review, 26*(1), 30–61.

Gioia, D. A., Price, K. N., Hamilton, A. L., & Thomas, J. B. (2010). Forging an identity: An insider-outsider study of processes involved in the formation of organizational identity. *Administrative Science Quarterly, 55*(1), 1–46.

Hatherell, M., & Welsh, A. (2017). Rebel with a cause: Ahok and Charismatic leadership in Indonesia. *Asian Studies Review, 41*(2), 174–190.

McDougall, P. P., Shane, S., & Oviatt, B. M. (1994). Explaining the formation of international new ventures: The limits of theories from international business research. *Journal of Business Venturing, 9*(6), 469–487.

Vaccaro, A., & Palazzo, G. (2015). Values against violence: Institutional change in societies dominated by organized crime. *Academy of Management Journal, 58*(4), 1075–1101.

Yin, R. (2003). *Case study research: Design and methods*. Thousand Oaks: Sage.

第 4 章

# 关于 R 和 RQDA 的概述：一个开源的 CAQDAS 平台

**摘要**

本章简单回顾了作为一种计算平台的 R 编程语言，并介绍了 RQDA 作为 R 在质性研究中的扩展。本章讨论了 R 的优势，特别是 RQDA 作为一个开源的免费工具进行质性研究的优势。本章提供了一些简单的例子来说明如何在 R 中使用语句操作 RQDA，并介绍了 RQDA 的控制台及其各种功能，包括新项目创建、数据导入和数据导出等功能。

**关键词**

R　RQDA　R 包　R 社区　R 语法

## 4.1 关于 R 的概述

R 是一种免费的自由编程语言和软件程序，用于统计计算和绘图（http://www.r-project.org）。作为社会科学家，我们对 SPSS，SAS 和 Stata 等统计软件非常熟悉。R 是这些传统统计软件的有力替代者，它可以让用户自由发布、研究、改变和改进软件，SPSS，SAS 和 Stata 则不提供这种许可。R 是由新西兰奥克兰大学的伊哈尔（Ross Ihaka）和金特尔曼（Robert Gentleman）于 1993 年创建的，作为 S 编程语言的一种实现。大多数使用 S 语言编写的代码仍然可以在 R 环境中成功使用。

R 是分析数据、绘制数据和为数据建立统计模型的强大工具。它还提供了从基础到高级的各种统计和图形技术，具有极大的可扩展性。它兼容各种 UNIX 平台和类似的系统（Free BSD 和 Linux）、Windows 和 Mac OS，并可以在它们上面运行。它可以实现理想的统计编程和可视化。接下来介绍 R 的四大优势。

（1）开源。R 是开源的、免费的，这意味着用户可以免费下载安装，并立即开始使用。它的作者将 R 源代码提供给其他希望查看和复制它、学习它、修改它或分享它的人。它没有任何许可限制。

（2）统计编程语言。它的独特之处在于：它使用户能够在一个工具中对数据进行操作（将数据集塑造成便于他人访问和分析的格式）、分析（从基础到高级的各种统计分析选项）和可视化（具有各种图形函数用于数据可视化）。R

的图形化功能非常出色，它提供了一种完全可编程的图形语言。

(3) R 包。R 中可共享代码的基本单位是包。R 包是由 R 社区以预定义格式开发的函数和数据集的集合。可扩展性是 R 的最大优势之一，开发者可以很容易地编写自己的软件，并通过附加包发布。学术界和数据科学家通常将自己的方法以包的形式发布，这意味着其他用户可以直接获取先进的创新的方法。目前有超过 12 000 个包可以免费使用（https://cran. rproject. org/web/packages/available _ packages _ by _ date. html）。

(4) R 社区。R 拥有一个蓬勃发展的社区，为开发者、合作者和许多其他用户提供了一个讨论和分享知识、专长的平台。它有活跃的用户群（例如，R-bloggers；Stack Overflow，R Conferences，GitHub），在这里用户可以提出问题并迅速得到解答。图 4－1 提供了 R 论坛的例子。

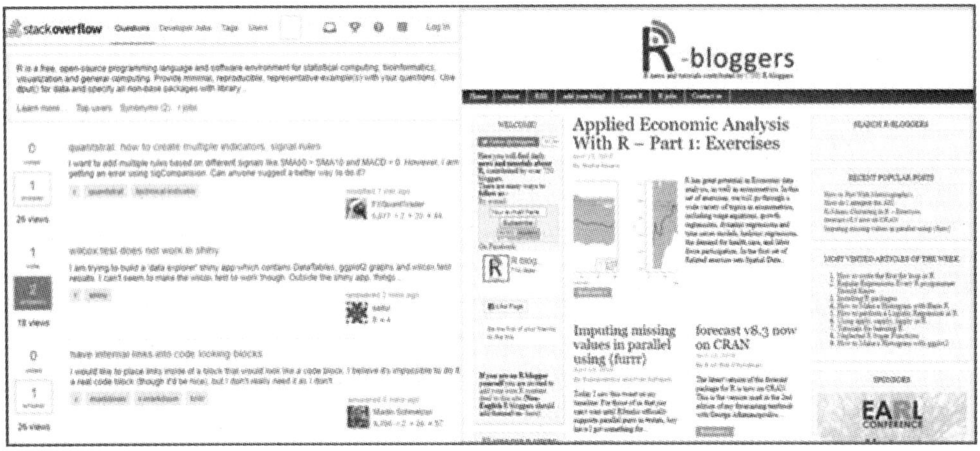


图 4－1　R论坛例子

用 R 语言编写代码很容易。如果你之前使用过其他语言，如 C，C++或 Python，那么 R 是很容易和直观的。图 4－2 说明了如何在 R 控制台中编写代码（R 控制台是执行计算的地方）。

有关如何使用 R 的更多信息，请访问这个 R 文件地址：https://www. r-project. org/other-docs. html。

## 4.2 关于 RQDA 的概述

鉴于使用 R 的研究者数量众多——全球估计有 200 万个用户（Vance，2009），R 用户有大量的机会从做定量研究跨越到分析文本、质性数据作为主要或次要的研究。RQDA（Huang，2014）是黄荣贵开发的一个用于质性文本数据分析的 R 包。如前几章所述，本书在阐述焦亚方法的基础上，借助 RQDA 作为一个新的、开源的 CAQDAS 工具，对这一相对较新的文本分析方法进行扩展、阐述和演示。

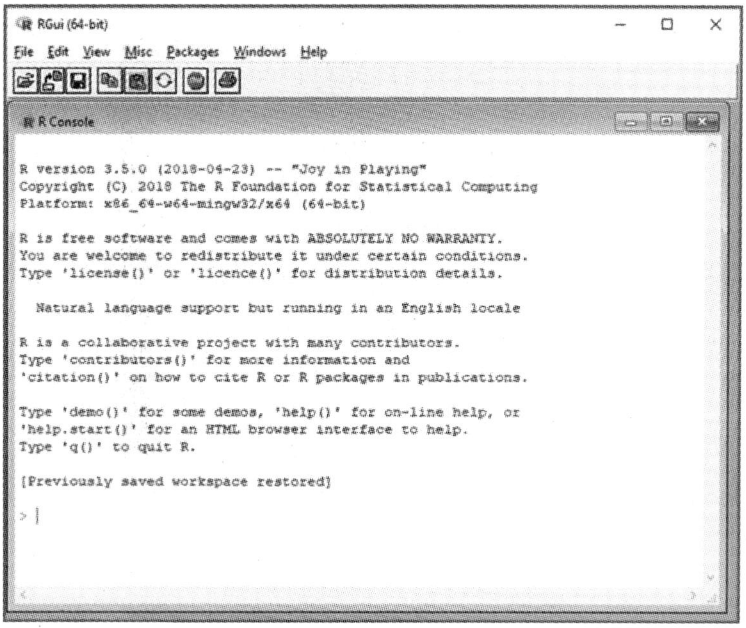


图 4-2　R控制台

RQDA 具有一些独特的功能，可以增强焦亚方法在质性研究中的应用，这些功能在流行的 CAQDAS 工具（如 ATLAS. ti 和 NVivo）中不容易找到。第一，RQDA 具有内置的功能，可以进行从一阶概念到二阶主题的概念抽象。通过将 RQDA 的输出与 Excel 电子表格相结合，研究者可以创造性地并以高度透明的方式创建三阶类别或聚合维度（将一阶和二阶代码合并为高阶代码），帮助读者和把关人了解研究者在数据解释和聚合过程中是如何做出决定的。第二，RQDA 提供了一个功能，即可以绘制出数据结构或静态图，显示出所有重要的一阶代码以及它们如何形成二阶代码和聚合维度。第三，RQDA 是开源的，对于任何用户来说都是免费的，可以无限制使用。在削减预算的时代，大学、企业和非营利组织都能从免费的开源软件中大大受益。第四，RQDA 支持不同语言的数据导入，包括英语和非英语文件，如汉语、日语、韩语、阿拉伯语、德语、法语、西班牙语、印度尼西亚语等主要语言的文件。第五，RQDA 被 SQLite（一种关系型数据库管理系统）支持，这意味着可以通过写 R 语言代码来增强其功能。由于 RQDA 与 R 无缝集成，它既可以对代码进行统计分析，也可以实现数据处理和分析的附加功能（如可视化）。因此，RQDA 使研究者能够在一个平台上进行多方法研究（结合质性和定量研究）。例如，蔡振荣和商靓（2017）利用 RQDA 对社会创业者的传记进行质性编码，随后利用编码后的数据对社会创业者的不同传记前因进行聚类分析。RQDA 的一个独特之处在于：RQDA 是 R 的开源计算工具中较小的一部分，R 的开源计算工具在工业界和学术界都得到了快速发展（Culpepper and Aguinis，2011；Ihaka and Gentleman，1996；Vance，2009；Tippmann，2015）。因此，访问 RQDA

也可以立即使用 R 语言，从而进入一个更大、更强的计算世界。

下一章将介绍如何下载和安装 RQDA，并通过实例介绍如何使用 RQDA 进行质性数据分析。

## 参考文献

Chandra, Y., & Shang, L. (2017). Unpacking the biographical antecedents of the emergence of social enterprises: A narrative perspective. *Voluntas: International Journal of Voluntary and Nonprofit Organizations, 28*(6), 2498–2529.

Culpepper, S. A., & Aguinis, H. (2011). R is for revolution: A cutting-edge, free, open source statistical package. *Organizational Research Methods, 14*(4), 735–740.

Huang, R. G. (2014). *RQDA: R-based qualitative data analysis. R package version 0.2-7.* Retrieved from http://rqda.r-forge.r-project.org. on 18 Apr 2018

Ihaka, R., & Gentleman, R. (1996). R: A language for data analysis and graphics. *Journal of Computational and Graphical Statistics, 5*(3), 299–314.

Tippmann, S. (2015). Programming tools: Adventures with R. *Nature News, 517*(7532), 109.

Vance, A. (2009). Data analysts captivated by R's power. *New York Times, 6*(5.4). Retrieved from http://www.nytimes.com/2009/01/07/technology/business-computing/07program. html?pagewanted=all&_r=0. on 18 Apr 2018.

第 5 章

# 安装 RQDA

**摘要**

RQDA 作为一个 R 包，如果你熟悉 R 编程语言的基础知识，它可以很容易地安装在 R base 或 RStudio 中。通过访问 R base，RQDA 可以安装在不同的操作系统中，包括 Windows，Linux 和 Mac OS X。Windows 用户可以通过另一种途径，在不访问 R 的情况下安装 RQDA（我们将在本章讨论）。RQDA 对于 R 用户和非 R 用户来说都是一个用户友好的工具，因为它有 GUI。也就是说，用户可以像使用 Windows 软件一样“点击”就可以用。正如前一章所指出的，本书所涉及的 RQDA 及其支持软件程序（如用于数据存储的 RSQLite、用于 GUI 的 GTK＋）都是开源的，这意味着用户可以免费下载。本章将讨论如何使用语法来安装 RQDA。

**关键词**

RQDA 安装　RQDA 包　RStudio　R CRAN　R 语句

## 5.1 对于 R 用户

RQDA 可用于 Windows，Mac 和 Linux 操作系统，并可通过 R 平台（R base 或 RStudio）进行访问。要在 Windows 和 Linux OS 中安装 RQDA，请按照如图 5－1 所示的三个步骤操作。

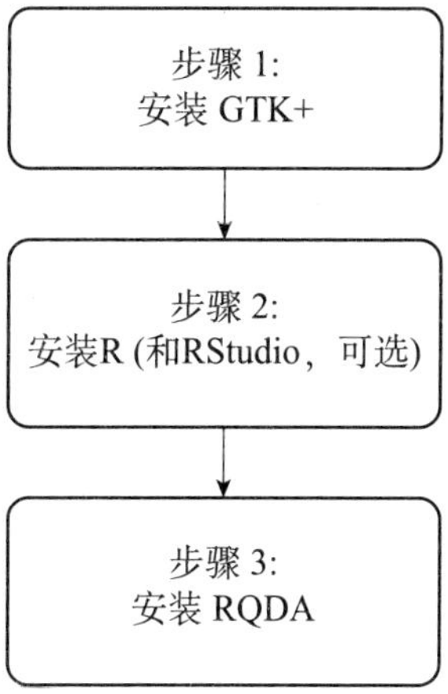


图 5－1　Windows 与 Linux 用户安装 RQDA

### 第 1 步：安装 GTK+

在安装 RQDA 之前，用户必须先安装 GTK+，这是一个用于创建 GUI 的工具包，因为 RQDA 是基于 RGtk2 的，RGtk2 依赖于 GTK+。要进行这个安装，Windows 用户可以点击以下 SourceForge 的链接：

https://sourceforge.net/projects/gladewin32/postdownload?source=dlp

或者通过下述途径下载并安装 GTK+：

https://sourceforge.net/projects/gladewin32/files/gtk%2B-win32-runtime/2.10.11/gtk-2.10.11-win32-1.exe/download?use_mirror=ncu&modtime=1175123376&big_mirror=0

进入网站后，下载将在几秒钟内自动开始。

对基于 Debian（包括基于 Sid、基于 Testing 和基于 Stable）的 Linux 用户，要安装 GTK+，请在图形环境中打开一个“终端”，输入 sudo apt-get install libgtk2.0-dev。对于 Fedora 用户，输入 yum install-y gtk2-devel 进行安装。

其他 Linux 用户可能需要手动创建和安装 GTK+。为此，首先安装必要的外部依赖项，包括 pkg-config，GNU make，JPEG，PNG 和 TIFF 库，FreeType，必要时还包括 libiconv 和 libintl。

接下来，按以下顺序安装 GTK+库：Glib，Pango，ATK 和 GTK+。有关在 Linux 操作系统中手动安装 GTK+的更多信息，请访问以下网站：https://developer.gnome.org/gtk3/unstable/gtk-building.html。

### 第 2 步：安装 R base（或 RStudio）

在电脑上成功安装 GTK+后，下载并安装 R，在安装 RQDA 之前必须安装 R base（R 项目）和 RStudio（可选），因为 RQDA 运行在 R 平台上。要安装 R base，请到 CRAN：https:// cran.r-project.org/。应该会看到一个如图 5-2 所示的页面。

CRAN 是一个由世界各地的文件传输协议（ftp）和网络服务器组成的网络，存储着 R 的不同版本的代码和文件，通过这个网站的链接可以下载相同的软件。为了更快地下载，请点击地理位置上离你最近的位置。在这之后，应该会看到一个页面，上面有各种托管 R 的地点（如伦敦、上海或东京），选择一个你想下载和安装的地点（见图 5-3）。

请根据你所使用的操作系统，选择你要下载的版本。例如，对于 Windows 用户，请选择 Download R for Windows。之后，将看到一个页面，提示你选择要下载和安装的子目录（例如，你的“桌面”或计算机中的某个文件夹），如图 5-4 所示。

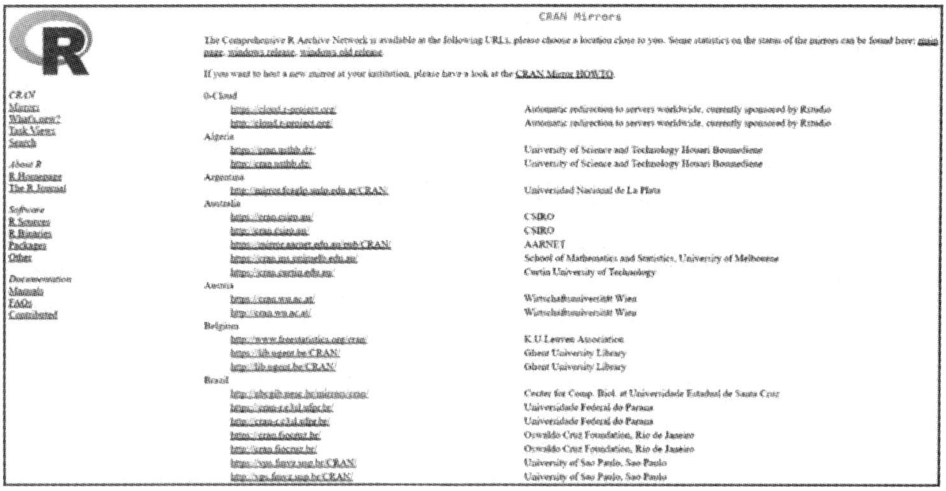


图 5-2　CRAN 镜像网站（https://cran.r-project.org/）

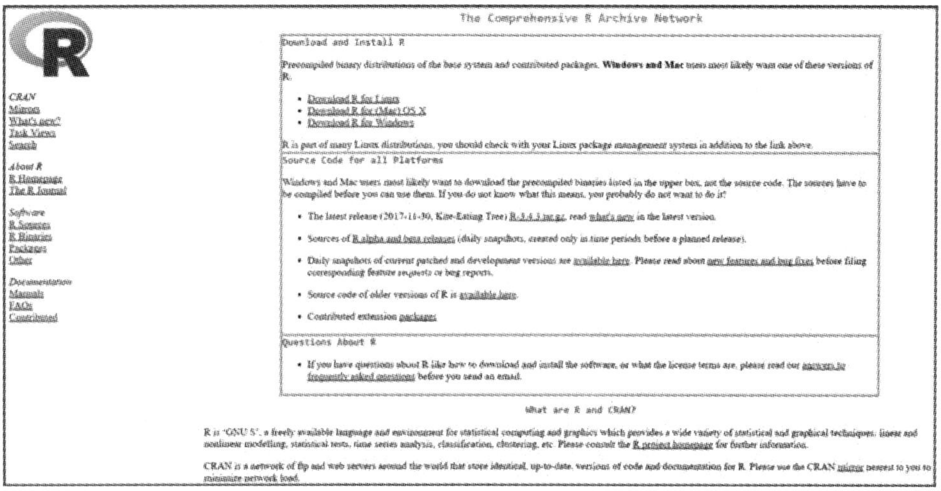


图 5-3　下载并安装 R（https://cran.r-project.org/）

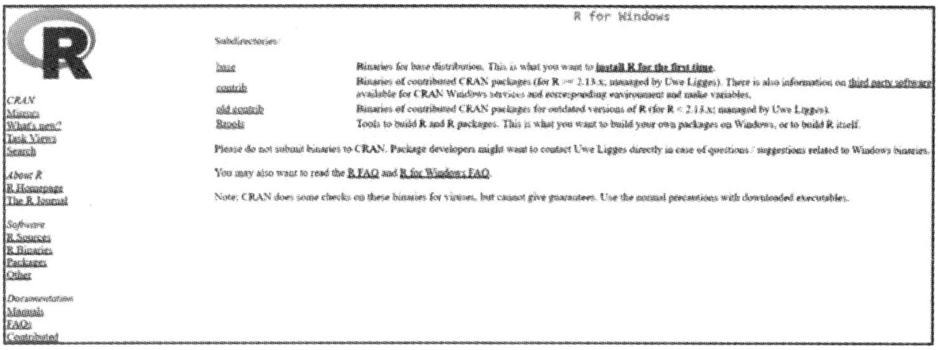


图 5-4　Windows 用户的子目录（https://cran.r-project.org/）

在这个页面上，第一次点击安装 *R*，就会进入下载页面。该页面中建议的 R 版本支持 32 位和 64 位的 Windows（请提前确认你所用的是 32 位还是 64 位，然后下载正确的 R 版本）。如果想了解更多关于在 Windows 中下载 R 的信息，请参见 FAQ 页面：https://cran.r-project.org/doc/FAQ/R-FAQ.html。

对于 Linux 用户，要下载和安装 R，点击 Download R for Linux，就会看到如图 5－5 所示的页面。

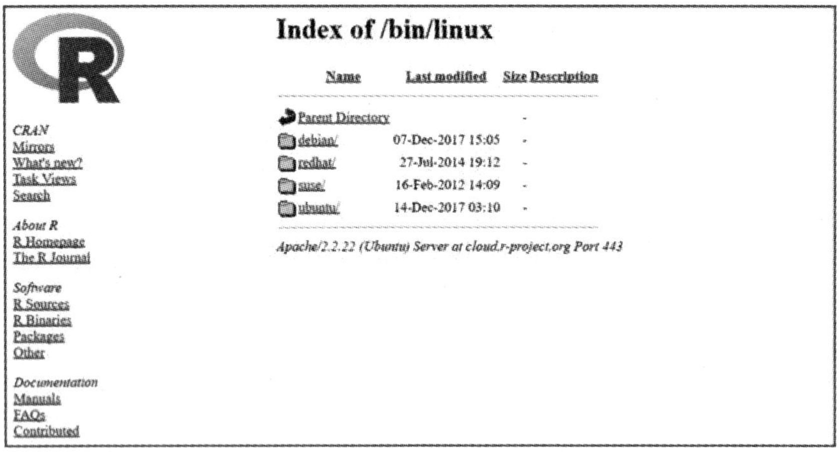


图 5－5　下载基于 Linux 操作系统的 R（https://cran.r-project.org/）

要想获得安装 R 的说明，请选择所使用的 Linux 版本。例如，如果使用的是基于 Debian 的 Linux，选择 ubuntu/，就会看到如图 5－6 所示的页面（https://cran.r-project.org/）。

R 的安装说明可以通过点击位于如图 5－6 所示页面中 UBUNTU PACKAGES FOR R 下的 Installation。例如，要在基于 Ubuntu 的 Linux 操作系统上安装 R，打开终端，输入 sudo apt-get install r-base，如图 5－7 所示。

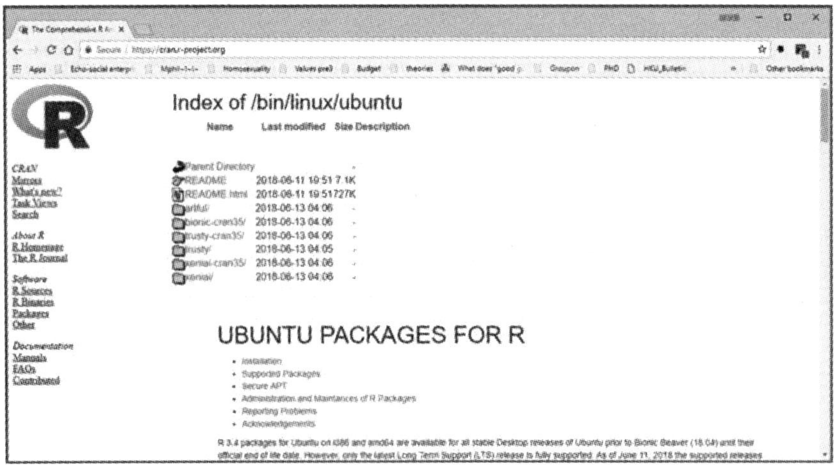


图 5－6　为基于 Ubuntu 的 Linux 操作系统下载 R

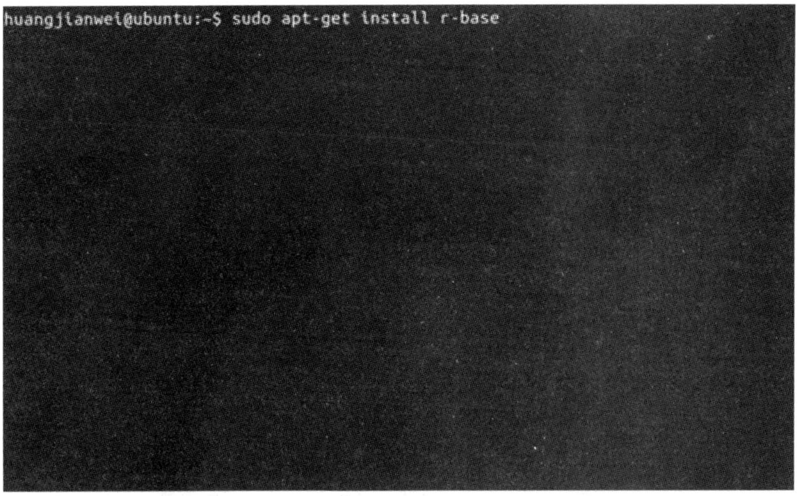


图 5-7　在基于 Ubuntu 的 Linux 操作系统中安装 R

在计算机上成功下载并安装 R base 之后，可以继续安装 RStudio，但这不是必须的。RStudio 是 R 的免费开源集成开发环境，它为软件开发提供了全面的工具。从某种程度上讲，RStudio 使 R 语言的编程更加容易，对于探索性数据分析非常有用。例如，RStudio 用户可以在使用过程中无缝地记录下工作日志，并方便地保存图形和输出结果。图 5-8 显示了 RStudio 界面。左下方面板的控制台窗口中可以输入语句（给计算机下达指令，让其执行任务）。在 RStudio 中，可以直接在控制台中输入任何语句，也可以在脚本编辑器中输入任何编程语句然后保存脚本，以防关闭会话时忘记代码。这样，你可以跟踪你对语句所做的操作，并可以轻松地与他人共享编程语句。

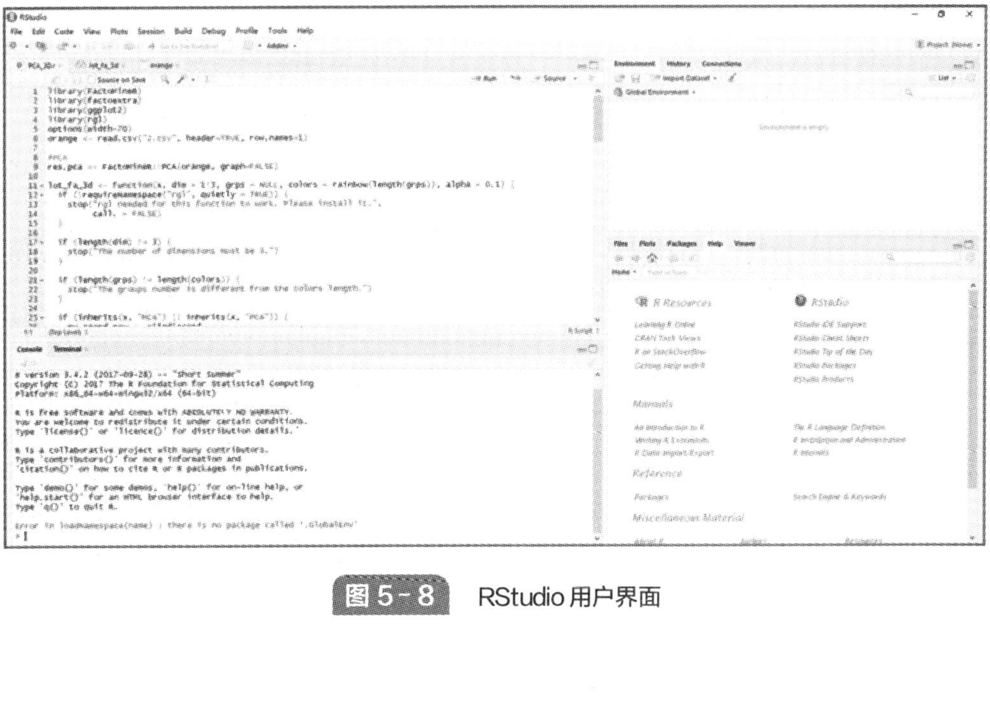

图 5-8　RStudio 用户界面

第 3 步：安装 RQDA

最后一步是在 R 平台（或 RStudio）上安装 RQDA。对于 Windows 和 Linux 用户（Mac 说明如下），要安装 RQDA，必须启动 R（或 RStudio）并在 R 控制台中输入以下语句：

```
install.packages("RQDA",dependencies = c("Depends","Imports"))
```

图 5-9 显示了如何通过在 R 中输入包安装语法来安装 RQDA（见图 5-9 的左下角）。

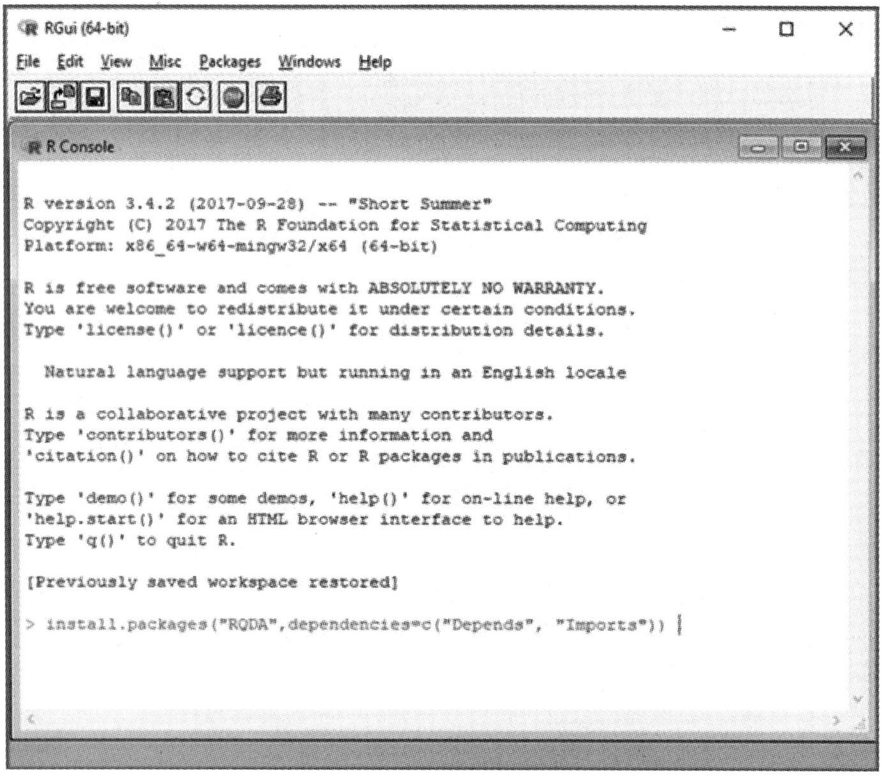


**图 5-9　在 R 中输入安装 RQDA 的语句**

在控制台窗口中输入语法后，按回车键（Enter）就可以开始下载和安装 RQDA 包。如果希望将以上语句复制并粘贴到 R 中而不是直接敲入，请首先将该语法复制到记事本（任何基于 Windows 的计算机中都有）以消除可能嵌入在 Microsoft Word 中的任何编程代码。在记事本中，将语法复制并粘贴到 R（或 RStudio）中。如果上述步骤成功，则可以通过在 R base（或 RStudio）中输入 library（RQDA）来启动 RQDA，RQDA 面板将在单独的窗口中打开（见图 5-10）。图 5-10 显示 RQDA 已准备就绪。

对于 Mac OS 用户，RQDA 的安装过程略有不同。图 5-11 总结了在 Mac OS 中安装 RQDA 的四个步骤。

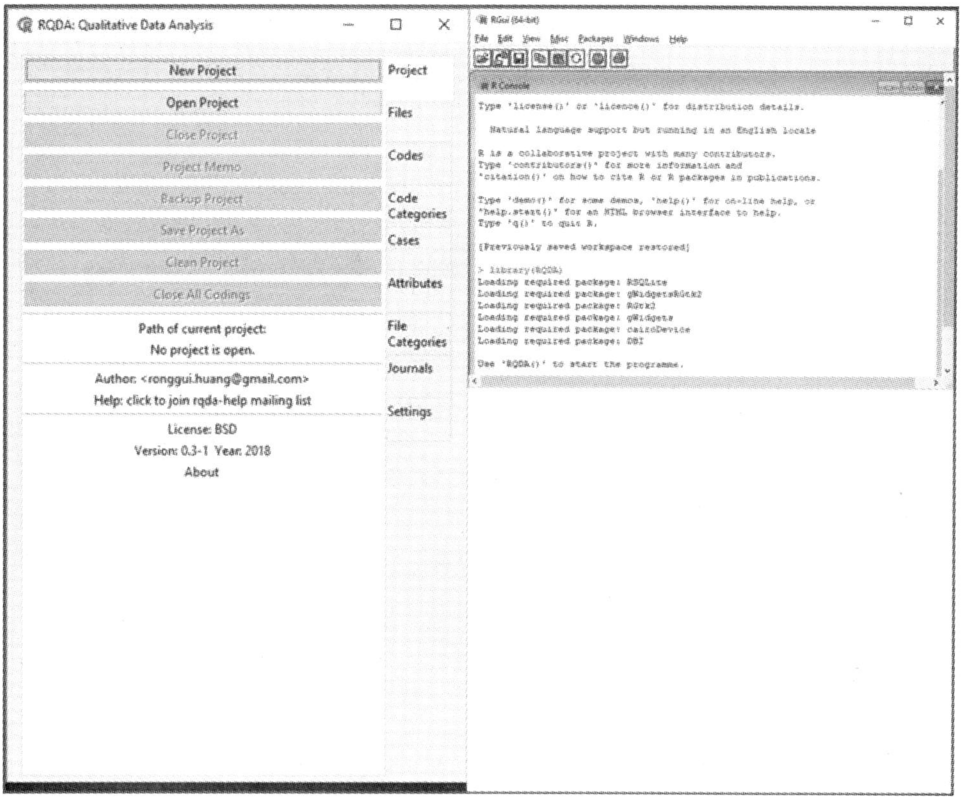


图 5-10　在 R 中启动的 RQDA 面板

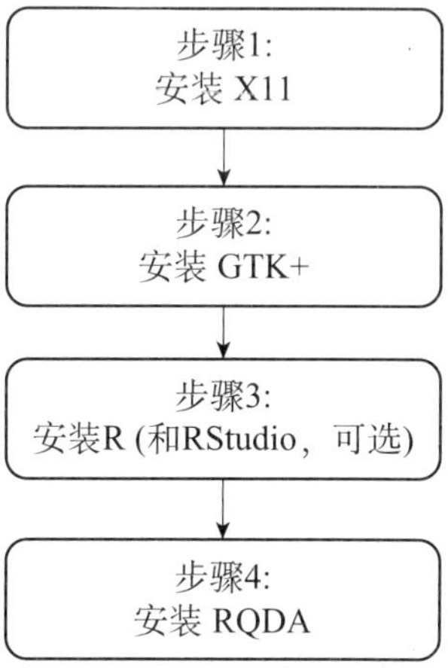


图 5-11　Mac OS 用户安装 RQDA

如果使用的是 Mac OS，则需要首先安装 X11，这是一款用于位图显示的窗口系统，它提供了 GUI 环境的基本框架。

要下载 X11，可以到 https://www.xquartz.org/，会看到如图 5-12 所示的页面。

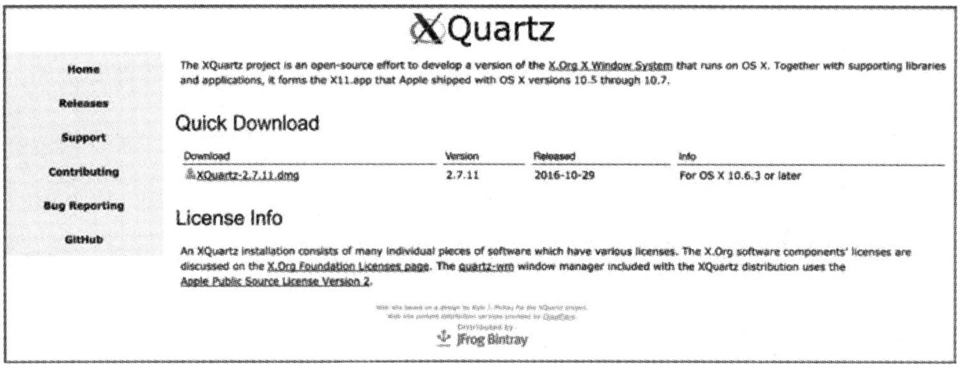


图 5-12　X11 下载页面（https://www.xquartz.org/）

可以单击 XQuartz-x. x. x. dmg（x. x. x 代表软件版本号），下载将在几秒钟内开始。接下来，请检查 Info 部分以查看你的操作系统是否接受最新版本的 XQuartz。如果不接受，请转到左侧工具栏上的 Releases，查找以前版本的 XQuartz。

在 Mac OS 上成功安装 X11 之后，下一步是安装 GTK+。为此，请访问 http://r.research.att.com，并寻找 R for Mac OS X Developer 的页面。请单击 Index 下的“Other binaries and tools（e.g.，RSwitch，Graphviz，GTK+，…）”（见图 5-13），并在 Other binaries 部分找到下载 GTK+ 2.24.17 的超链接。

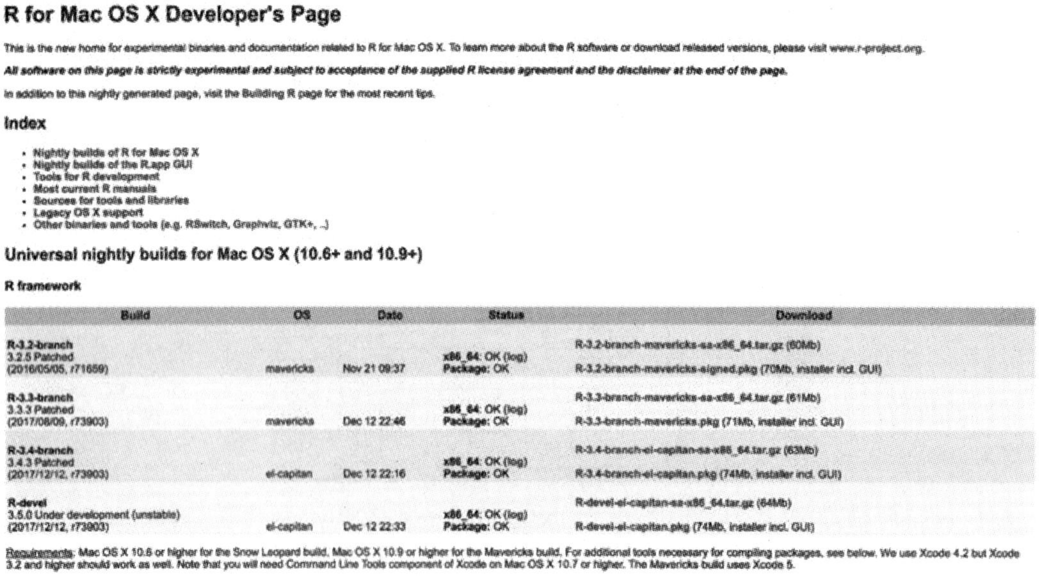


图 5-13　R for Mac OS X developer 页面（https://r.research.att.com/）

之后，转到 CRAN 下载页面 https://cran.r-project.org/bin/macosx/下载和安装 R for Mac OS，将看到如下页面（见图 5-14）。

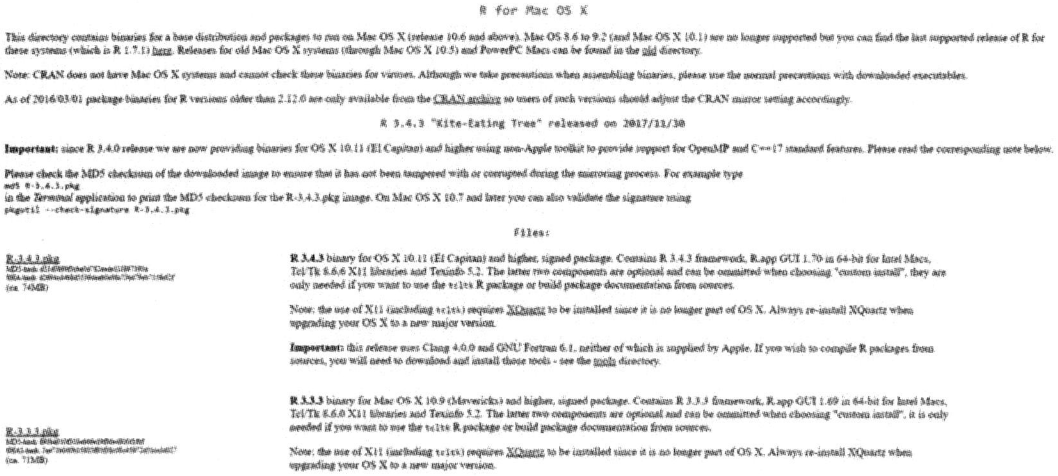


图5-14 R for Mac OS 下载页面

R的最新版本（2017年12月17日）为R-3.5.0。请注意，R-3.5.0仅支持Mac OS X 10.6和更高版本。如果您使用的是Mac OS的旧版本，请从https://cran.r-project.org/ bin / macosx / old /页面中找到R的最后版本。对于还想在Mac OS上下载和安装RStudio的用户，请直接前往RStudio下载页面https://www.rstudio.com/products/ rstudio / download /#download选择与您的操作系统匹配的版本（例如，Mac OS X 10.6）。

在Mac OS上成功安装R后，接下来在R平台上输入以下语句安装RQDA：

```
install.packages('RQDA')
```

如果所有步骤都成功，就可以在R或RStudio中输入library（RQDA）语句启动RQDA。

## 5.2 对于R的新用户

对于没有R语言编程经验的用户，RQDA的安装可能会显得相当复杂，因为它涉及一些编程，需要安装GTK+和R。但是，RQDA开发者（Huang，2014）为非R用户提供了另一种途径，可以在不进入R平台的情况下安装RQDA。使用基于Windows操作系统的用户可以从OneDrive中下载RQDA.bat文件。用户可以单击https://onedrive.live.com/?id=41C1EE655922D297%21278&cid=41C1EE655922D297选择合适的RQDA版本（例如，RQDA 0.2-5.rar），然后开始下载RQDA文件。接下来，用户可以通过双击RQDA.bat文件启动RQDA，并在随后出现的一个单独的R控制台窗口进行操作（见图5-15）。

要启动RQDA，请从工具栏中单击Packages并选择Load package，一个新的窗口就会打开，包含不同R包的名称（见图5-16）。从菜单中选择RQDA，然后单击“OK”，RQDA会自动加载到R控制台中。

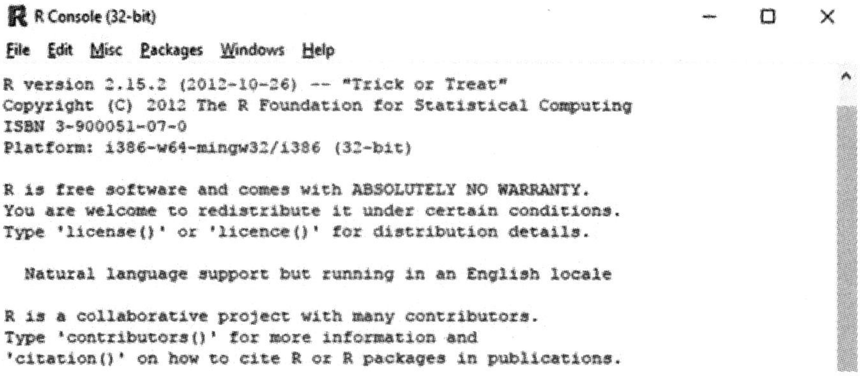


图 5-15　从 RQDA.bat 启动的 R 控制台

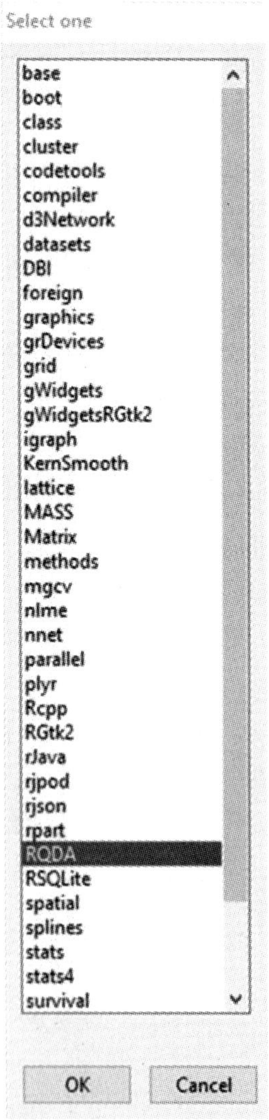


图 5-16　从 RQDA 弹出的一个窗口

R 对在控制台中输入的不完善语句非常敏感。例如，在需要小写的情况下使用大写输入语句会产生错误。另一种常见错误类型是在不需要的语法中添加缩进空格或不必要的间距。

现在你已经成功导入了 RQDA 和 R 程序，可以开始准备数据抽样和导入过程了。

第 6 章

# 数据准备和抽样

**摘要**

安装 RQDA 之后，下一步要做的是导入你想要分析的质性数据。本章讨论了将质性数据（例如，文字）转换为 RQDA 支持的数据格式的技术。本章还提供了将多个文件组合成一个语料库（语料库文件）和其他为 RQDA 分析准备数据的技巧。关于数据收集部分，本章将讨论如何系统地（例如，对采访、新闻报道）进行抽样。

**关键词**

社会创新　受创家创新者　抽样　数据收集　数据准备

## 6.1 抽样

### 社会创新策略与成果

我们通过一个代表性的项目逐步演示抽样过程和数据准备。我们的代表性项目旨在理解社会创新（social innovation，SI）对解决世界各地社会问题的影响。本示例旨在展示在 RQDA 的帮助下，使用焦亚方法进行质性研究。该模型采用社会创新，社会创新是一种相对较新的解决社会问题的方法，比现有的解决方案（如政府规划）更有效、更高效、更可持续（Nicholls et al.，2015；Phillips et al.，2015）。社会创新被视为解决许多社会问题的重要方法，从长期贫困到缺乏医疗、教育、食品和电力。社会创新发展了由集体的、有意义的、以目标为导向的行动所创造的社会实践，旨在促进社会变革（Cajaiba-Santana，2014）。它催生和实施创新的基层民众项目，让社区成员、社会组织、社会关系和社会机构参与进来（Mumford，2002），从而解决社会问题。

例如，轮椅地图（Wheelmap. org）是由位于德国柏林的非营利组织社会英雄（Sozialhelden）（Social Heroes）开发的一个社会创新项目，它提供在线地图来帮助残疾人找到可通过轮椅到达的商店、地铁、电影院等（见图 6－1）。目前，全球超过 75 万个公共场所可以在地图上找到，它帮助成千上万的残疾人导航。

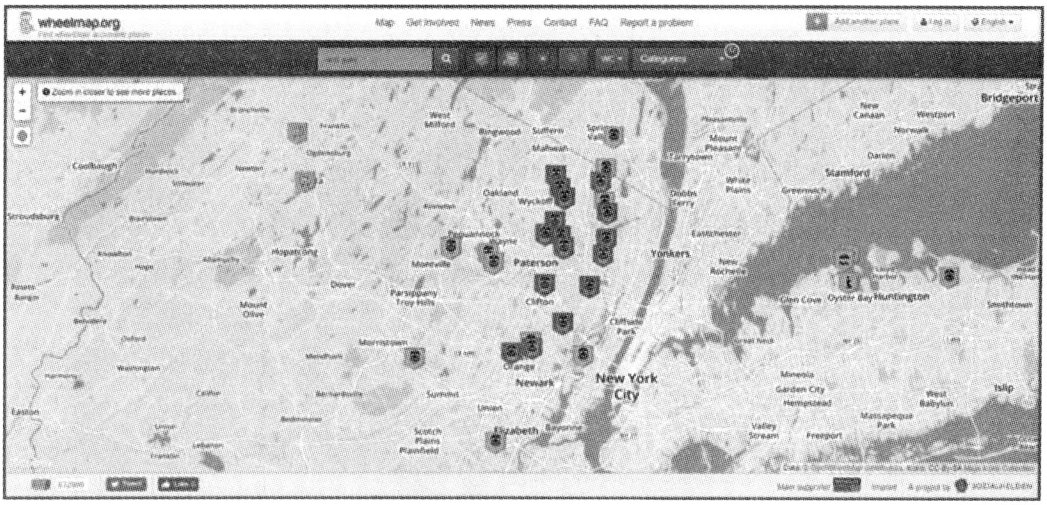


**图 6-1　轮椅地图网站**

尽管人们对社会创新的兴趣日益浓厚，但很少有学术研究系统地探索社会创新项目在应对复杂健康领域挑战方面的策略和社会影响。我们仍然对社会创新者所使用的策略知之甚少，不知道社会创新者如何使弱势群体（如贫困者、残疾人、农民）获得医疗服务，也不知道这些社会创新者以何种方式给患者、医疗服务提供者甚至机构带来改变等。因此，我们的说明性示例提出了两个重要但尚未回答的问题：(1) 社会创新者是如何应对医疗方面的挑战的？(2) 社会创新者如何在医疗领域产生社会影响？

为了回答这些问题，我们从爱创家创新者（Ashoka Changemakers）举办的社会创新竞赛中选取了社会创新样本，该竞赛名为“创造更多健康：共同创造更健康的世界”，这是世界上最大的社会创新巡回赛之一（Terwiesch and Ulrich，2009）。从 2000 年初到 2018 年 1 月，全世界有超过 15 000 名社会创新者、20 000 多个社会创新项目提交了有关竞赛的提案。爱创家（Ashoka）是一个由社会创新者和合作伙伴组成的网络，目的是加速解决重大社会问题。

“创造更多健康：共同创造更健康的世界”（https://www.changemakers.com/makingmorehealth?qt-competition_info_section=1&qt-competition_entries=zero#qt-competition_entries）或称为“MMH”的竞赛于 2015 年 9 月 16 日启动，它试图通过以人为本的健康方法和与勃林格殷格翰（Boehringer Ingelheim，一家全球制药公司）的合作扩大商业潜力来吸引社会创新。来自 40 多个国家的 157 份作品参加了比赛，其中 47 份参赛作品成为半决赛者、决赛者和优胜者。每份参赛作品都包含了社会创新的简介：目标、解决社会问题的策略和影响以及有关社会创新者的背景信息。图 6-2 提供了竞赛的一瞥。

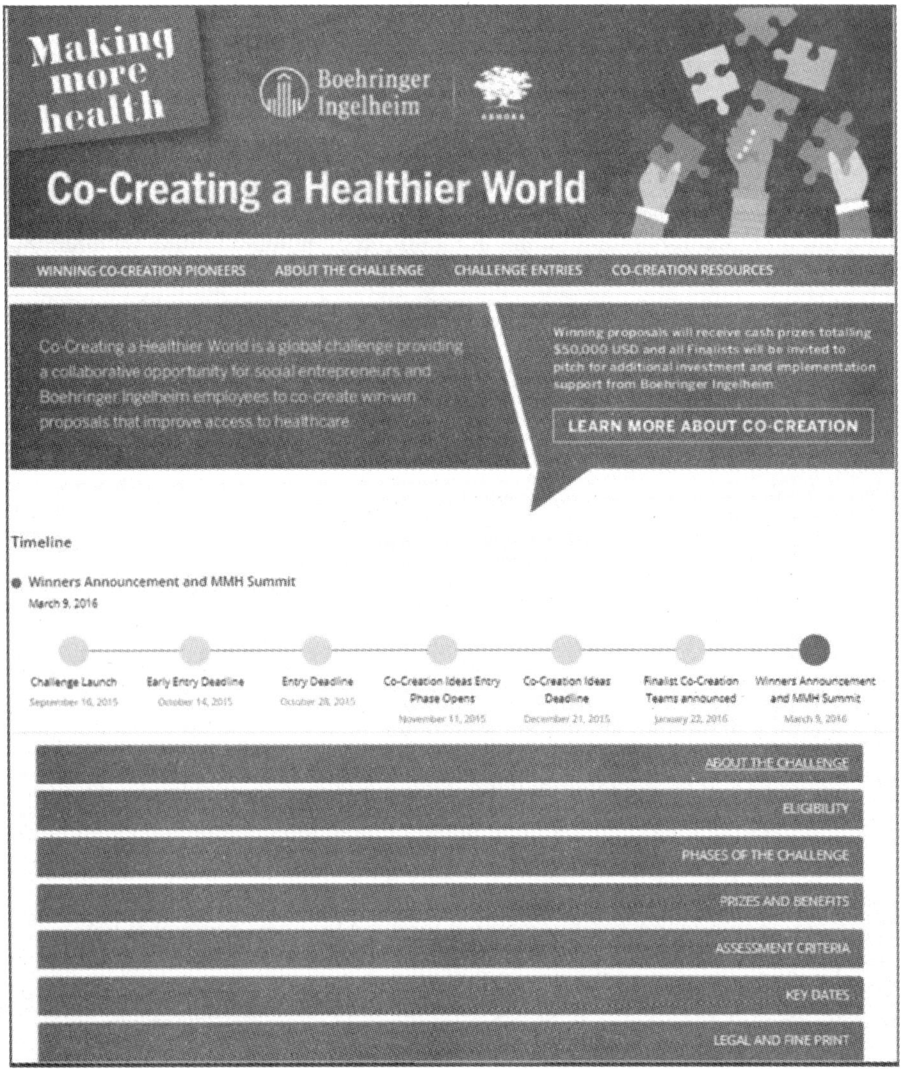


图 6-2　MMH 网站

本说明性示例使用了分层抽样技术①，并选择了由两个不同的组（五个“半决赛者”（$n=47$）和五个“非优胜者”（$n=110$））组成的 10 个项目的情况进行分析。我们对因变量进行了抽样（根据这个社会创新项目是否进入了半决赛阶段），并对社会创新的文件资料进行了编码，来推导出解释社会创新者所创造的策略和社会影响的代码和模式。因为研究的问题是关于“社会创新者如何解决社会问题”及其答案，所以我们的数据编码集中在反映社会创新者采用的解决方案以及解决方案如何产生成果的单词、短语和句子上。表 6 - 1 显示了我们的抽样过程。

① 考虑到爱创家创新者等社会创新数据库的可用性以及社会创新项目数据相对庞大，我们采用了有目的的抽样。我们对数据库进行分层抽样，以增强模型研究的稳健性。

**表6-1　说明性示例的抽样结果**

| 创造更多健康：共同创造更健康的世界 | 人口 | | 样本 | |
|---|---|---|---|---|
| 半决赛者（包括优胜者、决赛者和半决赛者） | 47 | 30% | 3 | 30% |
| 非优胜者 | 110 | 70% | 7 | 70% |
| 总计 | 157 | 100% | 10 | 100% |

首先，我们从爱创家创新者网站上提取了全部10个项目的资料。图6-3显示了一个社会创新项目概要示例。

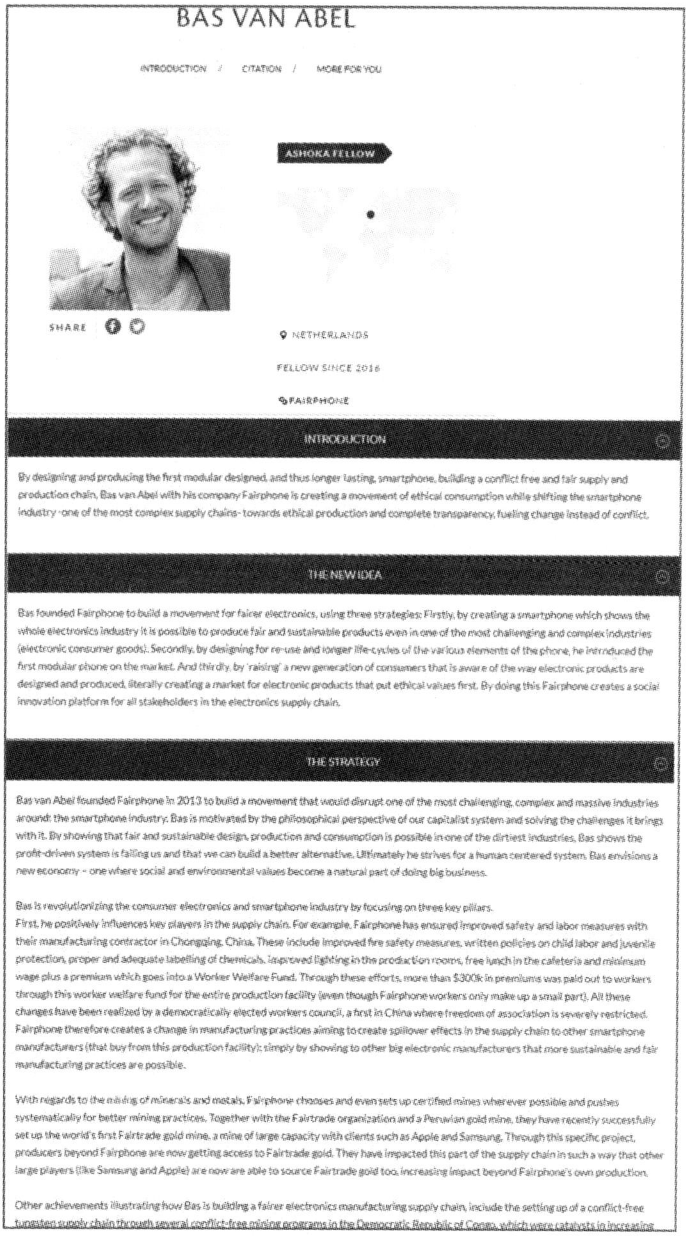

BAS VAN ABEL

INTRODUCTION / CITATION / MORE FOR YOU

ASHOKA FELLOW

SHARE

NETHERLANDS

FELLOW SINCE 2016

FAIRPHONE

INTRODUCTION

By designing and producing the first modular designed, and thus longer lasting, smartphone, building a conflict free and fair supply and production chain, Bas van Abel with his company Fairphone is creating a movement of ethical consumption while shifting the smartphone industry -one of the most complex supply chains- towards ethical production and complete transparency, fueling change instead of conflict.

THE NEW IDEA

Bas founded Fairphone to build a movement for fairer electronics, using three strategies: Firstly, by creating a smartphone which shows the whole electronics industry it is possible to produce fair and sustainable products even in one of the most challenging and complex industries (electronic consumer goods). Secondly, by designing for re-use and longer life-cycles of the various elements of the phone, he introduced the first modular phone on the market. And thirdly, by 'raising' a new generation of consumers that is aware of the way electronic products are designed and produced, literally creating a market for electronic products that put ethical values first. By doing this Fairphone creates a social innovation platform for all stakeholders in the electronics supply chain.

THE STRATEGY

Bas van Abel founded Fairphone in 2013 to build a movement that would disrupt one of the most challenging, complex and massive industries around: the smartphone industry. Bas is motivated by the philosophical perspective of our capitalist system and solving the challenges it brings with it. By showing that fair and sustainable design, production and consumption is possible in one of the dirtiest industries, Bas shows the profit-driven system is failing us and that we can build a better alternative. Ultimately he strives for a human centered system. Bas envisions a new economy – one where social and environmental values become a natural part of doing big business.

Bas is revolutionizing the consumer electronics and smartphone industry by focusing on three key pillars.
First, he positively influences key players in the supply chain. For example, Fairphone has ensured improved safety and labor measures with their manufacturing contractor in Chongqing, China. These include improved fire safety measures, written policies on child labor and juvenile protection, proper and adequate labelling of chemicals, improved lighting in the production rooms, free lunch in the cafeteria and minimum wage plus a premium which goes into a Worker Welfare Fund. Through these efforts, more than $300k in premiums was paid out to workers through this worker welfare fund for the entire production facility (even though Fairphone workers only make up a small part). All these changes have been realized by a democratically elected workers council, a first in China where freedom of association is severely restricted. Fairphone therefore creates a change in manufacturing practices aiming to create spillover effects in the supply chain to other smartphone manufacturers (that buy from this production facility): simply by showing to other big electronic manufacturers that more sustainable and fair manufacturing practices are possible.

With regards to the mining of minerals and metals, Fairphone chooses and even sets up certified mines wherever possible and pushes systematically for better mining practices. Together with the Fairtrade organization and a Peruvian gold mine, they have recently successfully set up the world's first Fairtrade gold mine, a mine of large capacity with clients such as Apple and Samsung. Through this specific project, producers beyond Fairphone are now getting access to Fairtrade gold. They have impacted this part of the supply chain in such a way that other large players (like Samsung and Apple) are now are able to source Fairtrade gold too, increasing impact beyond Fairphone's own production.

Other achievements illustrating how Bas is building a fairer electronics manufacturing supply chain, include the setting up of a conflict-free tungsten supply chain through several conflict-free mining programs in the Democratic Republic of Congo, which were catalysts in increasing

**图6-3　来自爱创家创新者的社会创新者样本**

在说明性示例中，我们收集多种数据——来自各种资源（例如，每个社会创新者的新闻文章、社会创新者的社交媒体帖子、他们的个人/组织网站）的各种类型的数据，探索在医疗行业中的社会创新策略和影响。我们还收集了非爱创家创新者来源的额外信息（例如，媒体采访、关于竞赛和创新者项目的新闻文章)。表 6-2 详细列出了 10 个社会创新项目名称以及使用的其他数据源。

**表 6-2　例子中使用的数据源**

| 社会创新项目 | 数据源 | | | | | |
|---|---|---|---|---|---|---|
| | 爱创家创新者网站 | 其他奖学金/奖项网站 | 组织的官方网站 | 在线文章 | 新闻 | 访谈 |
| 微诊所技术 (MicroClinic Technologies) | √ | √ | √ | | √ | √ |
| Changamka 微健康 (Changamka Microhealth) | √ | | √ | √ | √ | |
| 健康工厂 (Healthy Factories) | √ | | √ | | √ | |
| 除了我 (Apart of Me) | √ | √ | √ | √ | | √ |
| 氧气工程 (Project Oxygen) | √ | √ | | √ | | |
| 灵魂健康解决方案 (FullSoul Health Solutions) | √ | | √ | | | |
| 为生活干杯 (Drink to Life) | √ | | | | | |
| 眼睛检查解决方案 (EyeCheck Solutions) | √ | | √ | √ | | |
| 绿色之旅 (The Green Journey) | √ | | √ | | | |
| 移动手术 (Mobile Surgery) | √ | | √ | | | |

## 6.2 数据准备

在收集了所有相关数据之后（见表 6-2），我们合并了每个项目的所有数据，并将其保存为每个社会创新项目的单个文件。我们在示例中为 10 个项目（或案例）创建了 10 个单独的文件。RQDA 仅支持纯文本格式的文件，因此，在将数据文件导入 RQDA 之前，我们以纯文本格式（.txt）保存了数据。请注意，将数据导入 RQDA 需要单个的文件（而不是一个大的组合文件或语料库文件)。(因此，我们建议你将数据保存到单独的文本文件中，并相应地进行标记，以便在 RQDA 中进行分析。）在示例项目中，该文件的名称为“组织名称 _ 半决赛者/非优胜者”(Organization Name _ Semifinalists / Nonwinner)。这将使我们能够轻松识别编码数据及其关联的组织。图 6－4 显示了 . txt 格式的项目配置文件的实际样本。

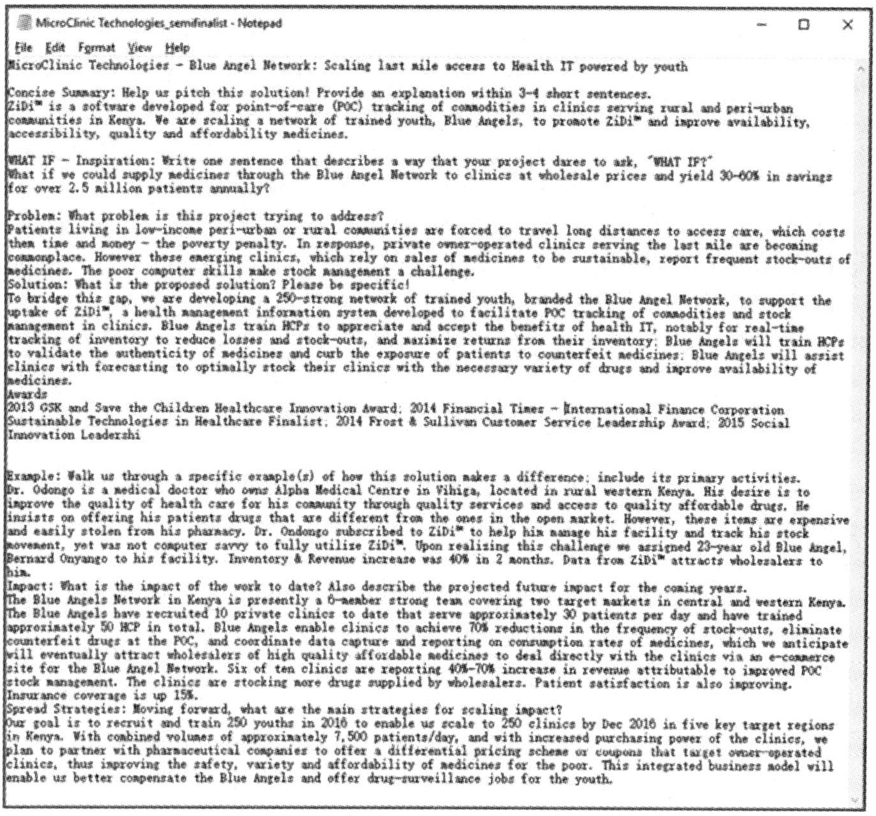

MicroClinic Technologies_semifinalist - Notepad

File Edit Format View Help

MicroClinic Technologies - Blue Angel Network: Scaling last mile access to Health IT powered by youth

Concise Summary: Help us pitch this solution! Provide an explanation within 3-4 short sentences.
ZiDi™ is a software developed for point-of-care (POC) tracking of commodities in clinics serving rural and peri-urban communities in Kenya. We are scaling a network of trained youth, Blue Angels, to promote ZiDi™ and improve availability, accessibility, quality and affordability medicines.

WHAT IF - Inspiration: Write one sentence that describes a way that your project dares to ask, "WHAT IF?"
What if we could supply medicines through the Blue Angel Network to clinics at wholesale prices and yield 30-60% in savings for over 2.5 million patients annually?

Problem: What problem is this project trying to address?
Patients living in low-income peri-urban or rural communities are forced to travel long distances to access care, which costs them time and money - the poverty penalty. In response, private owner-operated clinics serving the last mile are becoming commonplace. However these emerging clinics, which rely on sales of medicines to be sustainable, report frequent stock-outs of medicines. The poor computer skills make stock management a challenge.
Solution: What is the proposed solution? Please be specific!
To bridge this gap, we are developing a 250-strong network of trained youth, branded the Blue Angel Network, to support the uptake of ZiDi™, a health management information system developed to facilitate POC tracking of commodities and stock management in clinics. Blue Angels train HCPs to appreciate and accept the benefits of health IT, notably for real-time tracking of inventory to reduce losses and stock-outs, and maximize returns from their inventory; Blue Angels will train HCPs to validate the authenticity of medicines and curb the exposure of patients to counterfeit medicines; Blue Angels will assist clinics with forecasting to optimally stock their clinics with the necessary variety of drugs and improve availability of medicines.
Awards
2013 GSK and Save the Children Healthcare Innovation Award; 2014 Financial Times - International Finance Corporation Sustainable Technologies in Healthcare Finalist; 2014 Frost & Sullivan Customer Service Leadership Award; 2015 Social Innovation Leadershi

Example: Walk us through a specific example(s) of how this solution makes a difference; include its primary activities.
Dr. Odongo is a medical doctor who owns Alpha Medical Centre in Vihiga, located in rural western Kenya. His desire is to improve the quality of health care for his community through quality services and access to quality affordable drugs. He insists on offering his patients drugs that are different from the ones in the open market. However, these items are expensive and easily stolen from his pharmacy. Dr. Ondongo subscribed to ZiDi™ to help him manage his facility and track his stock movement, yet was not computer savvy to fully utilize ZiDi™. Upon realizing this challenge we assigned 23-year old Blue Angel, Bernard Onyango to his facility. Inventory & Revenue increase was 40% in 2 months. Data from ZiDi™ attracts wholesalers to him.
Impact: What is the impact of the work to date? Also describe the projected future impact for the coming years.
The Blue Angels Network in Kenya is presently a 6-member strong team covering two target markets in central and western Kenya. The Blue Angels have recruited 10 private clinics to date that serve approximately 30 patients per day and have trained approximately 50 HCP in total. Blue Angels enable clinics to achieve 70% reductions in the frequency of stock-outs, eliminate counterfeit drugs at the POC, and coordinate data capture and reporting on consumption rates of medicines, which we anticipate will eventually attract wholesalers of high quality affordable medicines to deal directly with the clinics via an e-commerce site for the Blue Angel Network. Six of ten clinics are reporting 40%-70% increase in revenue attributable to improved POC stock management. The clinics are stocking more drugs supplied by wholesalers. Patient satisfaction is also improving. Insurance coverage is up 15%.
Spread Strategies: Moving forward, what are the main strategies for scaling impact?
Our goal is to recruit and train 250 youths in 2016 to enable us scale to 250 clinics by Dec 2016 in five key target regions in Kenya. With combined volumes of approximately 7,500 patients/day, and with increased purchasing power of the clinics, we plan to partner with pharmaceutical companies to offer a differential pricing scheme or coupons that target owner-operated clinics, thus improving the safety, variety and affordability of medicines for the poor. This integrated business model will enable us better compensate the Blue Angels and offer drug-surveillance jobs for the youth.

**图 6－4　社会创新项目一个样本文本文件**

如果你的数据文件不是 . txt 格式，请将其转换为纯文本格式。这可以通过将大量文本数据（例如，采访记录或社会创新者的个人资料）复制到 Word 文件（数据文件，可以是 . doc 或 docx)，然后另存为 . txt 文件来完成。RQDA 还具有帮助用户通过输入 R 语句将 PDF 文件转换为纯文本（. txt）文件的功能。为此，用户必须首先从 http://www. foolabs. com/xpdf/download. html 下载 pdftotext. exe。接下来，在 R 控制台中输入几行语法。然后创建一个文件夹将 10 个 PDF 文件转换为文本文件并将其导入 RQDA 以进行质性数据分析，输入如下语句（首先将语句复制并粘贴到“记事本”中，然后将其复制到 R 控制台中；在 R 中，“#”号表示注释行，运行时将忽略行中“#”右边的所有内容)：

```
dest <- "C:\\Users\\Desktop" # location of the folder that contains 10 pdf files #
myfiles <- list. files(path = dest, pattern = "pdf", full. names = TRUE)
```

```
lapply(myfiles,function(i)system(paste('"C: /ProgramFiles /xpdf /bin64 /pdfto-
text. exe" ',paste0('"',i,'"')),wait = FALSE)) # loca-tion of pdftotext. exe #
```

想象一下，如果你有数百个或更多的 PDF 文件，使用上述语法，可以节省大量时间，将它们转换为 . txt 文件并导入 RQDA。图 6 - 5 显示了我们在 RStudio 中编写的上述语句。

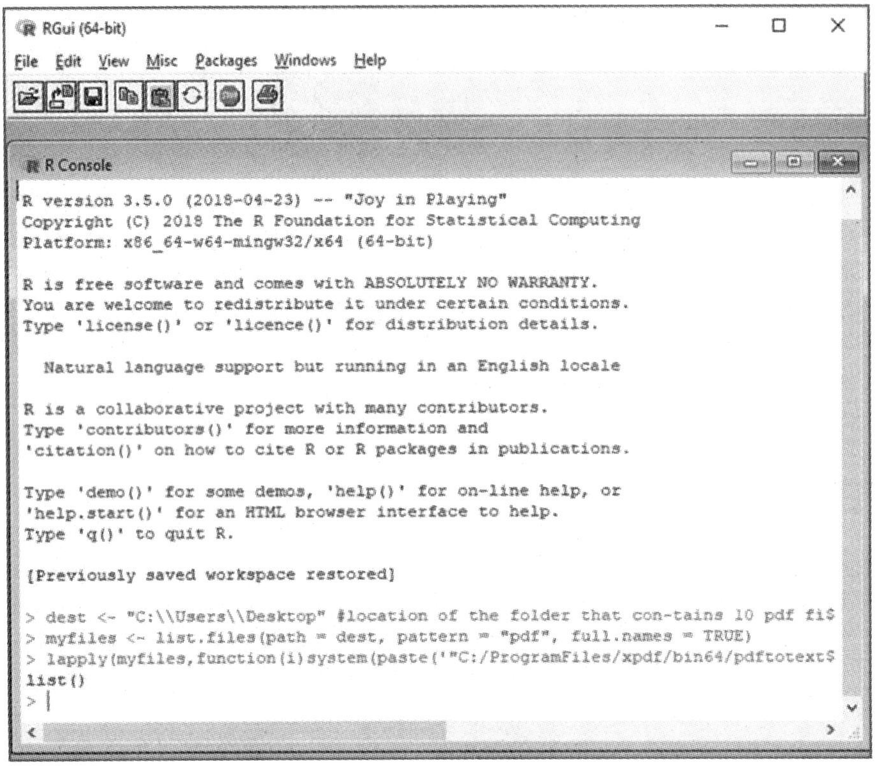


**图 6 - 5　在 R 中将 PDF 文件转换为文本文件**

对于不想在 R 中编写语句的用户，可以使用开源（免费）应用程序将一批文件转换为 . txt 文件。例如，可从 http://www. softinterface. com/Convert-Doc/Convert-Doc. htm 下载 Windows 用户易于使用的文件转换器 Convert Doc，如图 6 - 6 所示。

此外，可以使用内置的 Microsoft Office 功能将文件转换为 . txt 格式。对于 Mac 用户，Mac 中有一个名为 Textutil 的工具，可用于 . txt 文件格式快速转换。用户可以访问 http://osxdaily. com/2016/11/05/convert-pdf-to-docx-mac-os-x/，按照说明将文件转换为文本文件。

除了文件类型要求（纯文本格式（. txt）），RQDA 还可以让用户在 PDF 文件中导入突出显示的文本（有关 PDF 高亮示例，见图 6 - 7）。用户经常使用荧光笔为 PDF 文件中的文本上色，这些高亮的文本可以在 RQDA 中捕获。因此，准备数据的另一种方法是使用 RQDA 中的导入高亮（import high-lights）功能从 PDF 文件导入它们。

图 6-6 转换文件网站

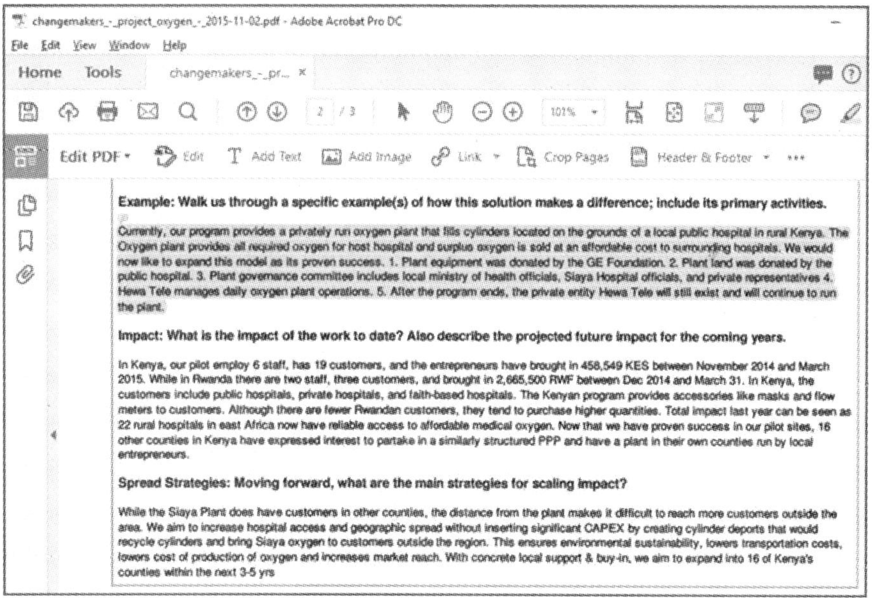


图 6-7 PDF 高亮部分

要将 PDF 高亮部分导入 RQDA，请使用适当的 PDF 阅读器，例如 Adobe Acrobat Pro，Foxit Reader，Nitro PDF Reader，Slim PDF，Expert PDF Reader 或 PDF-Xchange Viewer。在 RQDA 中突出显示选定的文本后，请保存 PDF 文件。第 7 章详细介绍了如何启动 RQDA 以及如何将文件导入 RQDA 中以进行分析。

## 参考文献

Cajaiba-Santana, G. (2014). Social innovation: Moving the field forward. A conceptual framework. *Technological Forecasting and Social Change, 82*, 42–51.

Mumford, M. D. (2002). Social innovation: Ten cases from Benjamin Franklin. *Creativity Research Journal, 14*(2), 253–266.

Nicholls, A., Simon, J., Gabriel, M., & Whelan, C. (Eds.). (2015). *New frontiers in social innovation research.* Berlin, Germany: Springer.

Phillips, W., Lee, H., Ghobadian, A., O'Regan, N., & James, P. (2015). Social innovation and social entrepreneurship: A systematic review. *Group & Organization Management, 40*(3), 428–461.

Terwiesch, C., & Ulrich, K. T. (2009). *Innovation tournaments: Creating and selecting exceptional opportunities*. Boston: Harvard Business Press.

# 第 7 章 启动 RQDA

**摘要**

第 6 章讨论的是在 RQDA 中进行质性分析时如何收集和准备数据文件。本章将演示如何开始和启动 RQDA。本章将向你展示：(1) 如何启动 RQDA；(2) 如何创建新项目和管理你的项目；(3) 如何将文件导入 RQDA。

**关键词**

启动 RQDA　创建新项目　管理项目　导入新文件　RQDA 包

## 7.1 启动 RQDA

通过 R 或 RStudio 平台安装 RQDA 的用户请执行以下步骤来启动 RQDA。

步骤 1：启动 R 或 RStudio。

步骤 2：进入 R 控制台或 RStudio 的 R 脚本并输入语句（见图 7-1）：

```
library(RQDA)
> RQDA()
```

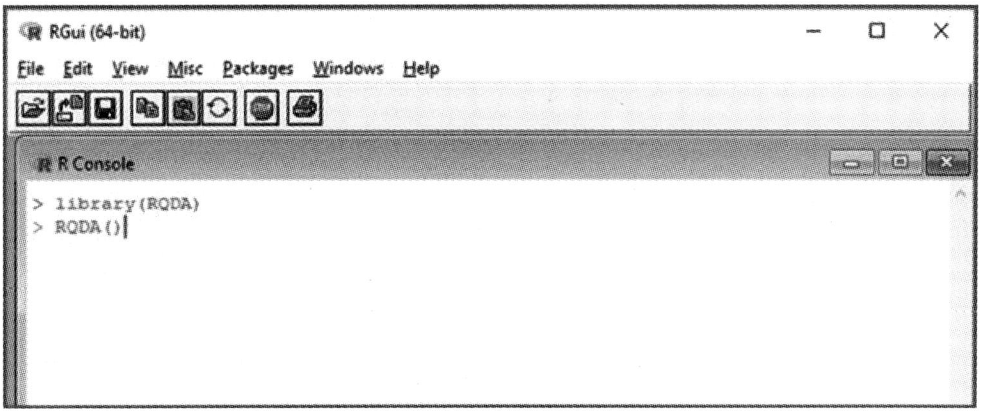


图 7-1　在 R 中启动 RQDA

步骤 3：按回车键在控制台运行语句。

library (package) 是 R 中的一个函数，用于加载 R 工作区中可用的包名。这里的语法 library (RQDA) 意味着加载一个名为 RQDA 的包，按回车键后会看到一条消息，表示正在加载包（见图 7－2）。如果包不存在，将显示一条错误信息。因此，如果你尝试启动 RQDA 失败，请转到第 5 章，然后按照 5.1 节中的步骤操作，在 R 或 RStudio 平台中正确安装 RQDA。

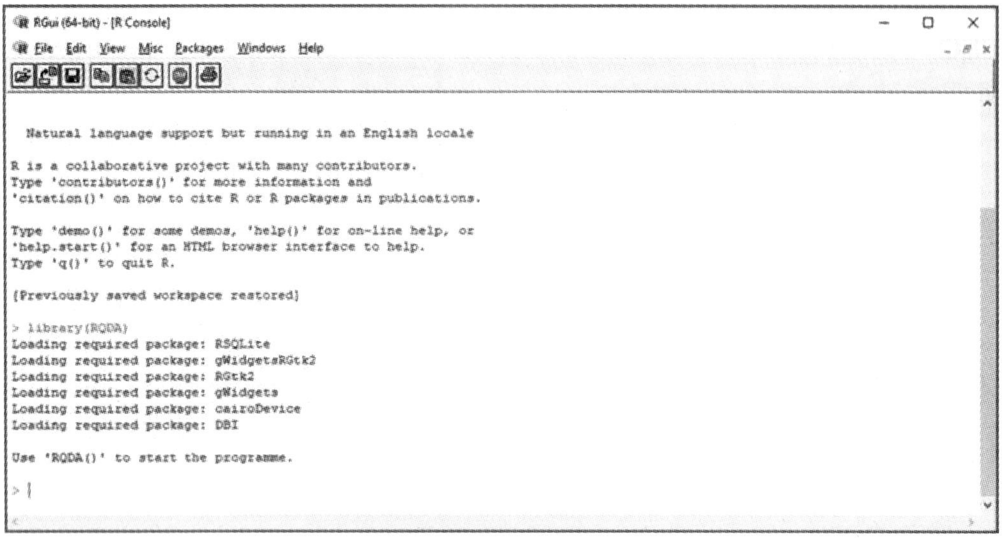


图 7－2　在 R 中加载 RQDA

如果 RQDA 包成功加载到你的 R 平台上，会出现一条信息：Use ‘RQDA()’ to start the programme。在你输入语法 RQDA（）后，一个 RQDA 面板就应该在一个单独的窗口中打开，准备进行数据分析（见图 7－3）。(注意，你也可以使用上面描述的步骤来启动其他 R 包，只需将“RQDA”替换为目标包的名称即可。)

打开 RQDA 的主面板时，面板右侧将显示九个菜单（从项目（Project）开始向下移动到设置（Settings)），每个菜单具有不同的功能。接下来我们会对最重要的菜单进行解释。

未安装 R 或 RStudio 的 Windows 用户可以直接下载 .bat 文件（也就是在 DOS 和 Windows 中使用的批处理文件，文件扩展名为 .bat），以启动 RQDA，如 5.2 节所示。首先，将 rar 文件提取到 c：\(或你喜欢的其他位置)。然后，你可以通过双击解压文件夹中的批处理文件“RQDA”来启动 RQDA。R 控制台将打开，RQDA 面板应在几秒钟内弹出一个单独的窗口。如果其未自动打开，请重试。如果仍然失败，你可以使用另一种手动方法来启动。要做到这一点，请进入双击批处理文件 RQDA. bat 后打开的 R 控制台，从菜单中选择“包”(Packages)，应该出现一个子菜单，点击“加载包”（Load package…），如图 7－4 所示。

点击“加载包”后，新窗口中会弹出一个菜单，上面有不同包的名称，选择 RQDA（见图 7－5)。然后单击“OK”，几秒钟内就会打开 RQDA 面板。

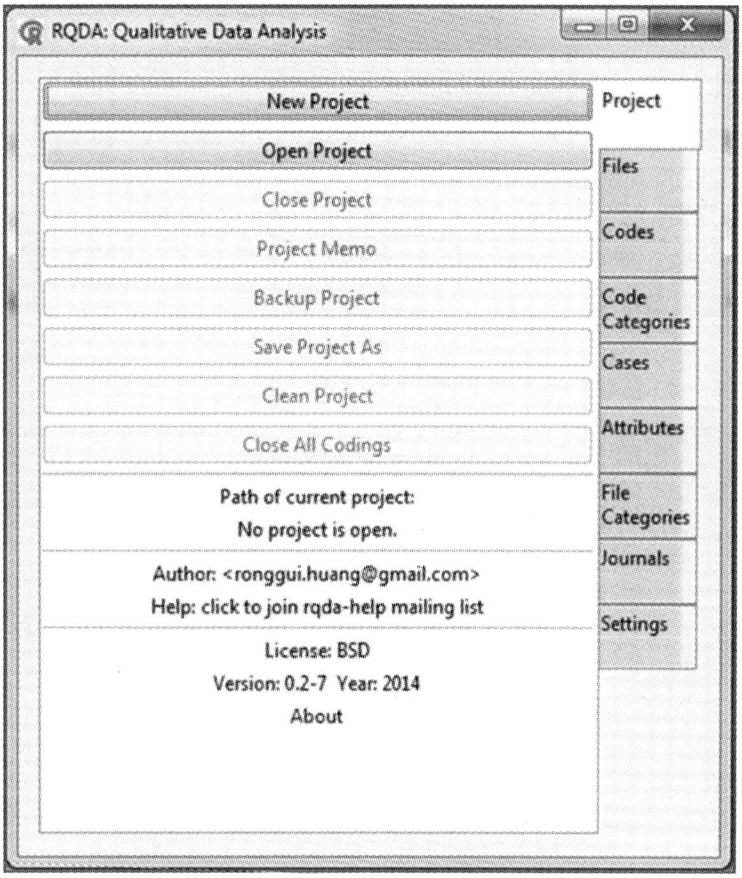


图 7-3　RQDA 的具有各种菜单和功能的主面板

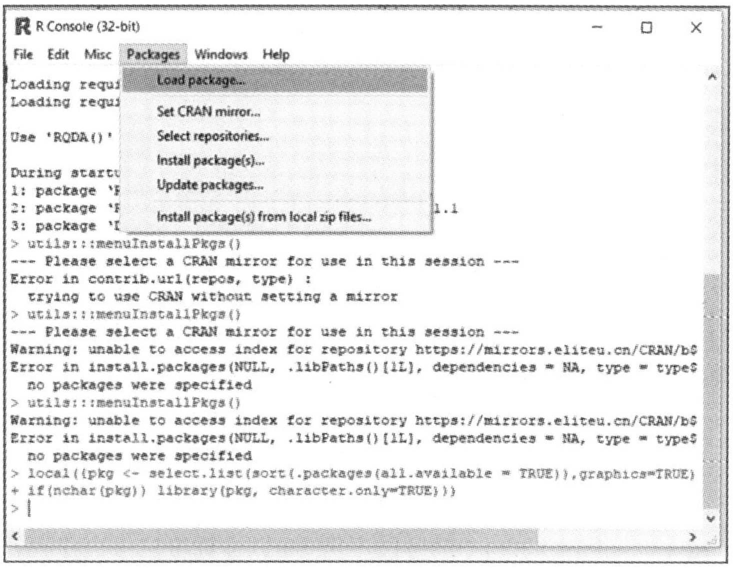


图 7-4　在 RQDA 批处理文件中启动 RQDA

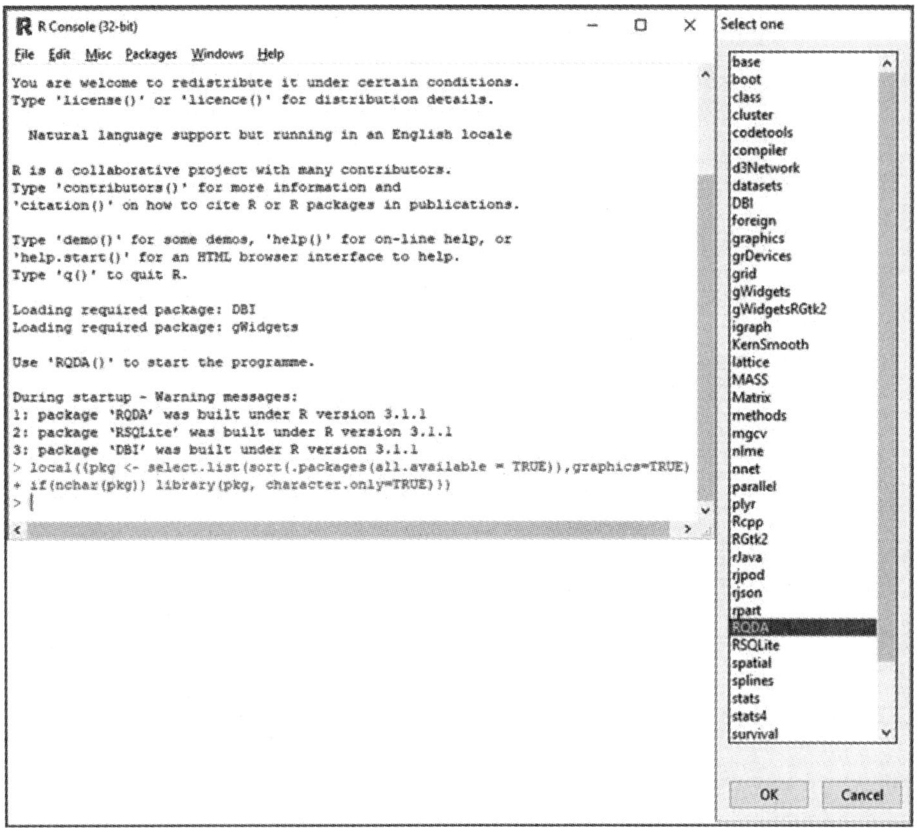

图 7-5 在 R 控制台加载 RQDA 包

或者，如果双击“RQDA. bat”后没有自动弹出 RQDA 面板，可以直接在 R 控制台中输入语法 RQDA（）来启动 RQDA。请注意，RQDA 包已经在控制台中预先加载，因此不需要输入 library（RQDA）来加载包。

## 7.2 在 RQDA 中创建新项目

要开始一个新的质性研究项目，请从项目菜单中选择“新项目”（New Project），输入新的特定项目名称，再选择保存 RQDA 项目的位置，然后单击“OK”。

例如，我们在 RQDA 中为示例项目创建了一个新项目，将其命名为“在医疗行业中的社会创新策略和影响”（SI Strategies and Impacts in the Healthcare Sector），并将该项目保存在桌面中（见图 7-6）。

单击“OK”后，在选择的保存文件的位置，一个新的项目就会被创建为 . rqda 文件。以后要打开这个项目时，只需在 RQDA 的项目菜单中点击“打开项目”（Open Project），找到 . rqda 文件并单击“OK”，该文件就会被加载到 RQDA 中（见图 7-7）。项目打开后，可以在项目菜单中找到其路径信息（见图 7-8），在“关闭所有代码”（Close All Codings）选项的下方。该信息显示了当前打开的项目以及存储的位置。

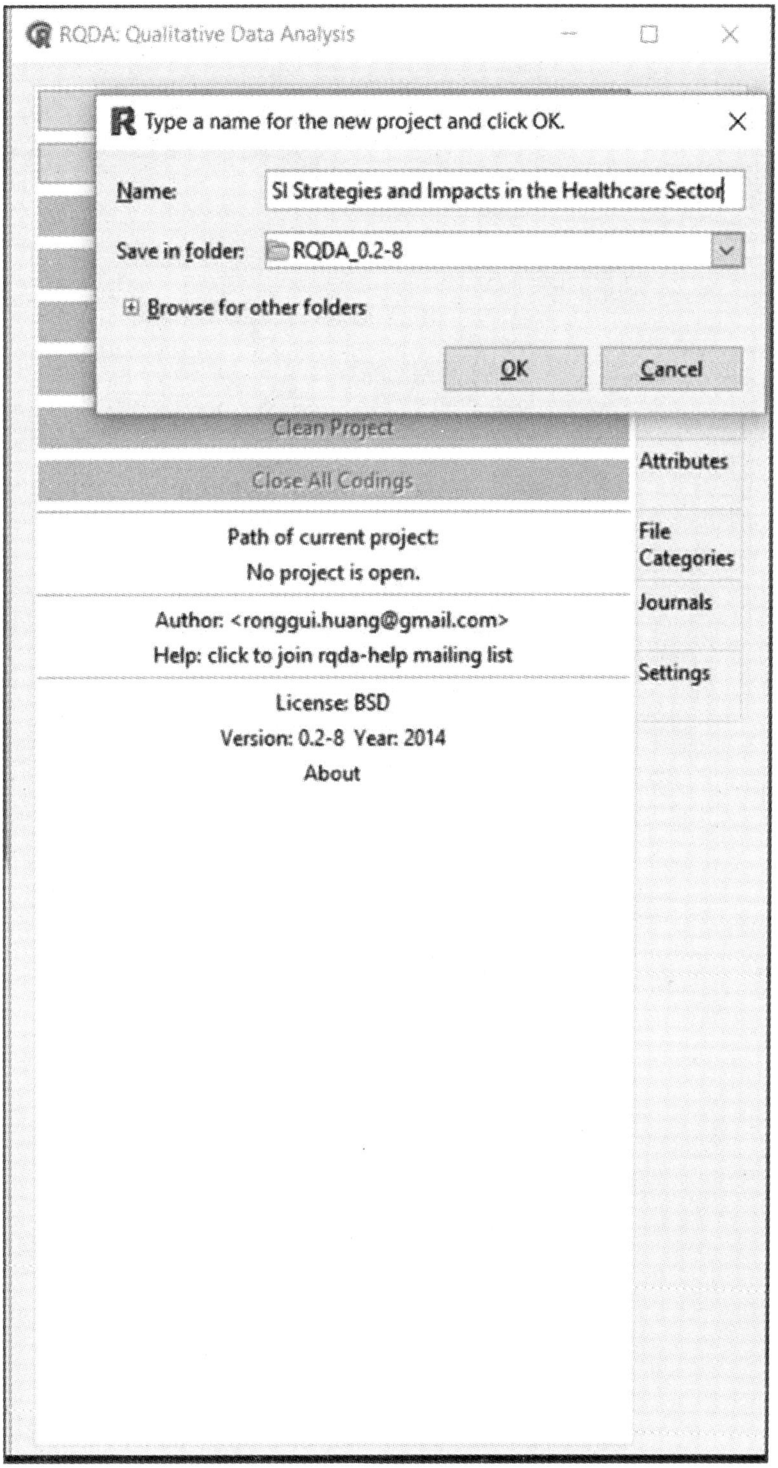


图 7-6 在 RQDA 中创建一个新项目

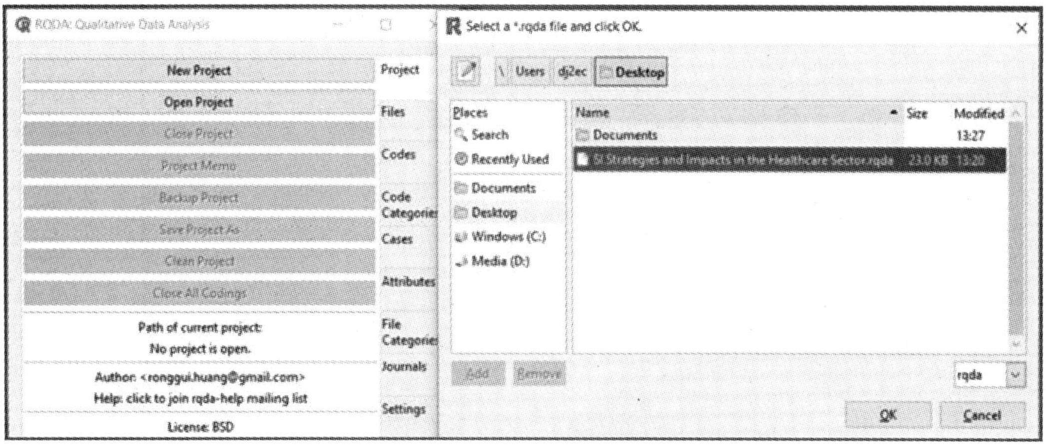


图 7-7　在 RQDA 中打开保存的项目

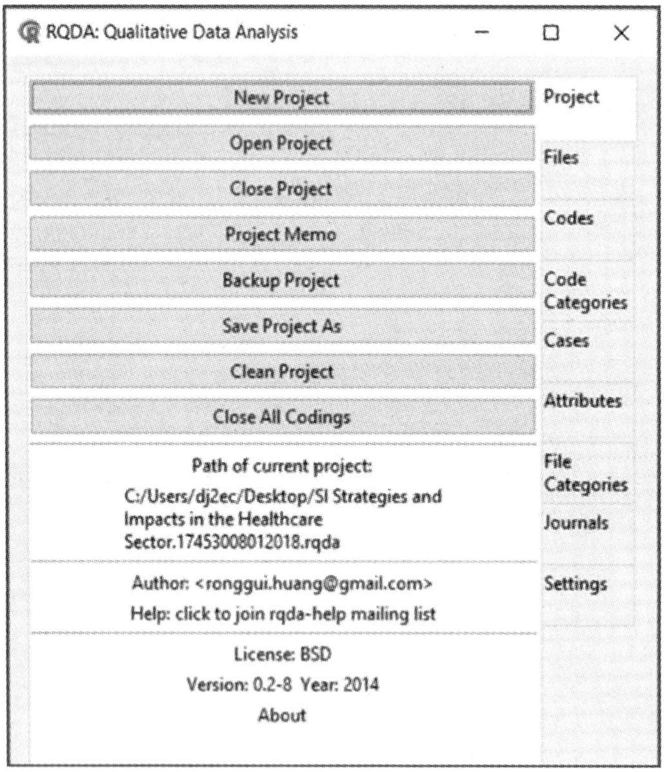


图 7-8　一个开放项目的路径信息

要关闭项目，请单击“关闭项目”（Close Project），项目将关闭。可以通过选择新项目（New Project）来创建尽可能多的项目，但是在 RQDA 中，一次只能处理一个项目。

此外，如果要备份项目，请单击“备份项目”（Backup Project），在指定的存储位置会出现一个新的备份文件，如图 7-9 所示。

如图 7－9 所示，第一个 . rqda 文件是我们刚刚创建的备份项目，第二个文件是原始文件。第一个 . rqda 文件名称后的数字扩展名（17453008012018）表示创建此备份的具体日期和时间。通过使用 RQDA 中的备份功能，可以轻松跟踪进度和所做的更改。

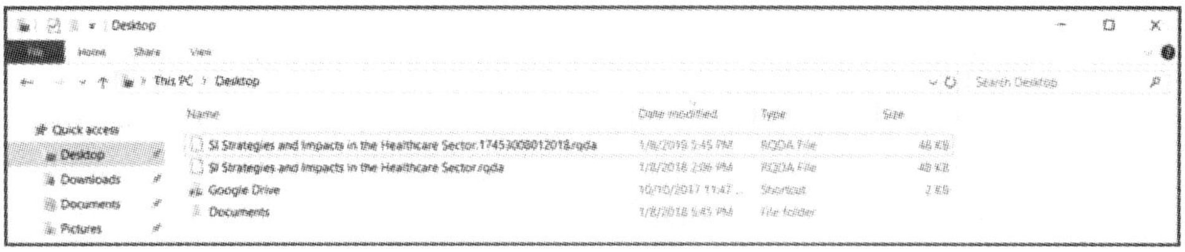


图 7－9　备份项目

项目菜单还有“另存为”（Save Project As）选项，使用户能够在所选位置以新名称保存项目（类似于 Microsoft Word 中的另存为选项）。RQDA 的备份项目功能支持备份，但不能用不同的名称。

## 7.3　将新的数据文件导入 RQDA

新项目创建成功后，用户必须导入新的数据文件，这些数据文件必须是纯文本或 . txt 文件或 PDF 文件中的高亮部分。在此之后，用户就可以开始编码过程。要导入纯文本数据 . txt 文件进行编码，请从文件菜单中选择“导入”（Import）按钮，并选择将导入 RQDA 的文件（见图 7－10）。

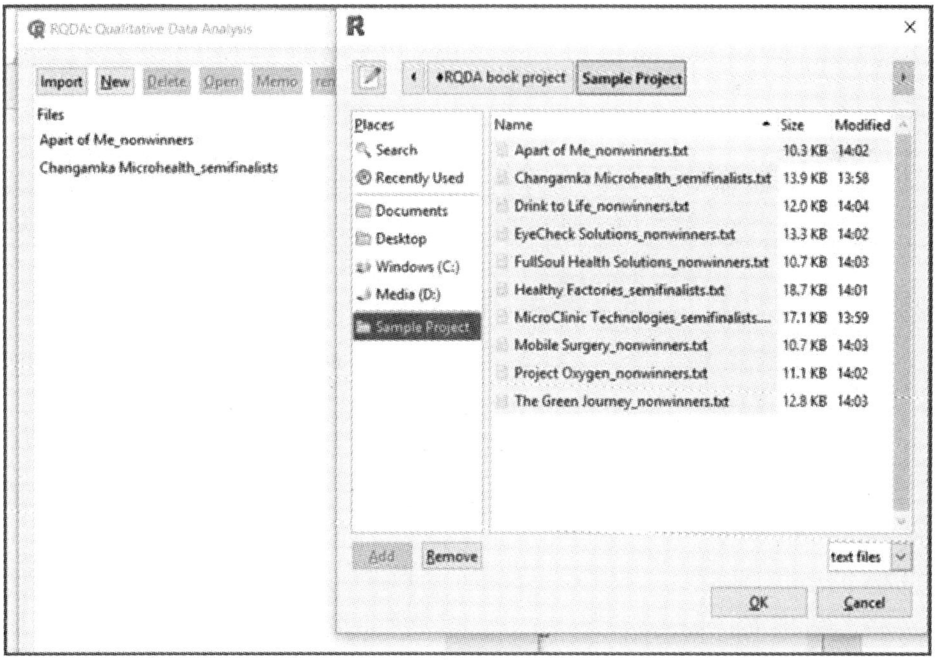


图 7－10　将新的数据文件导入 RQDA

每个导入的 . txt 数据文件都会在 RQDA 中保存为一个新文件。RQDA 每次只允许导入一个文件。

找到保存所有导入的 . txt 文件的文件夹的一个简单方法是使用“书签”（bookmarks）功能，在导入窗口中选择目标文件夹并点击添加。例如，我们将所有的 . txt 文件保存在“样本项目”（Sample Project）文件夹中，并将这个文件夹添加到书签中。下次要导入新文件时，我们可以通过单击书签中的样本项目（在“位置”（Places）菜单下，见图 7－11）来快速定位存储文件夹。如果不再使用这个文件夹来存储新文件，可以选择 Places 菜单下的文件夹，然后点击“去除”（Remove）来删除它。

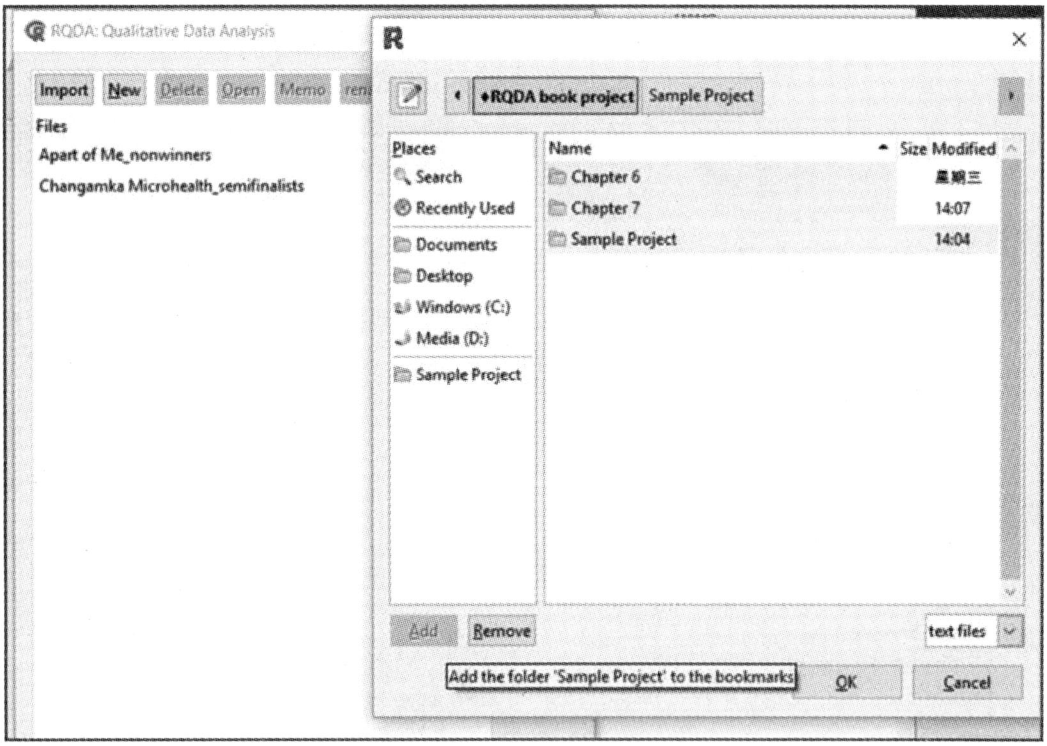


图 7－11 在书签中添加文件夹

另外，用户还可以在文件菜单中选择“添加新文件”（Add New File），这时会弹出一个新的窗口，用户可以直接将文本内容复制、粘贴到窗口的文本输入框中，这样就可以节省转换文件格式的时间（见图 7－12）。在完成复制到文本输入框后，一定要点击“保存并关闭”（Save and Close）按钮来保存文件，以避免潜在的数据丢失。

到目前为止，我们已经讨论了将数据导入 RQDA 的两种方法。当只有几个文件时，这些方法易于使用，因为 RQDA 仅允许用户一次导入一个文件，但导入大量文件可能非常耗时。为了高效工作，用户可以同时使用 R 语法导入

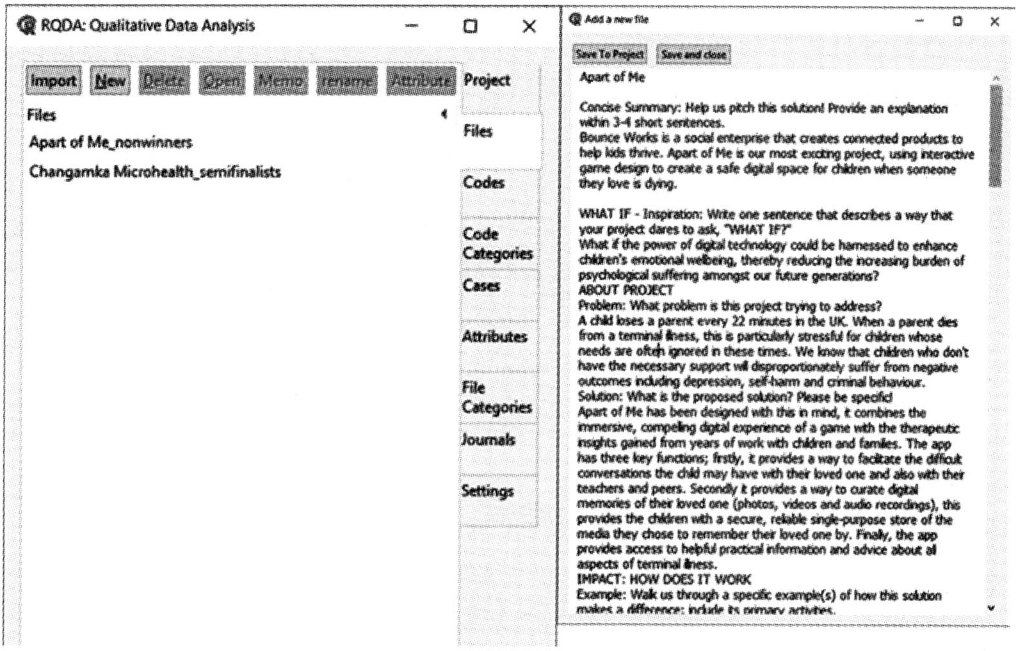


**图 7-12**　显示质性数据文件的内容

一批文件。例如，要导入两个单独的纯文本文件（.txt），请按照以下步骤进行：

1. 打开或创建新项目文件（有关详细信息，请转到 7.2 节）。
2. 转到 R 控制台并输入语法：

```
Files <- list("Text1" = "Text1 content.","Text2" = "Text2 content.")
write.FileList(Files)
```

3. 按回车键。

上述语法中提到的“Text1”和“Text2”是用户目标数据文件的文件名，“Text1 content”和“Text2 content”是用户要导入的以后需要分析的文件内容。接下来，在按下回车键后，RQDA 面板中应该会出现“Text1”和“Text2”两个新的数据文件。新创建的项目由 RQDA 自动保存。例如，在示例项目中，我们要将社会创新项目“为生活干杯”和“移动手术”的两个文本数据文件导入 RQDA 中。要将它们一起导入，请输入上述语法，并使用实际的文件名和文本内容代替“Text1”“Text2”“Text1 content”“Text2 content”（见图 7-13）。

按回车键后，我们就可以在 RQDA 文件菜单中找到两个新创建的数据文件（DrinktoLife _ nonwinners 和 MobileSurgery _ nonwinners，见图 7-14）。请注意，如果有关于 R 函数 write.FileList() 的问题，可以在 R 控制台中输入语法“? write.FileList”来参考 RQDA 帮助页面（这也适用于其他 R 函数）。

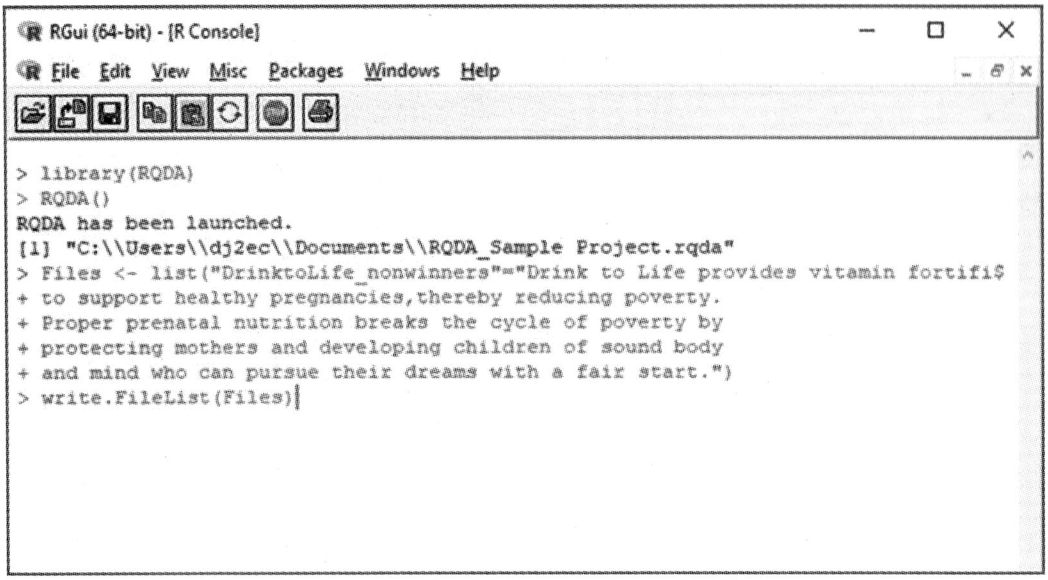


图 7-13 将一批文本数据文件导入 RQDA

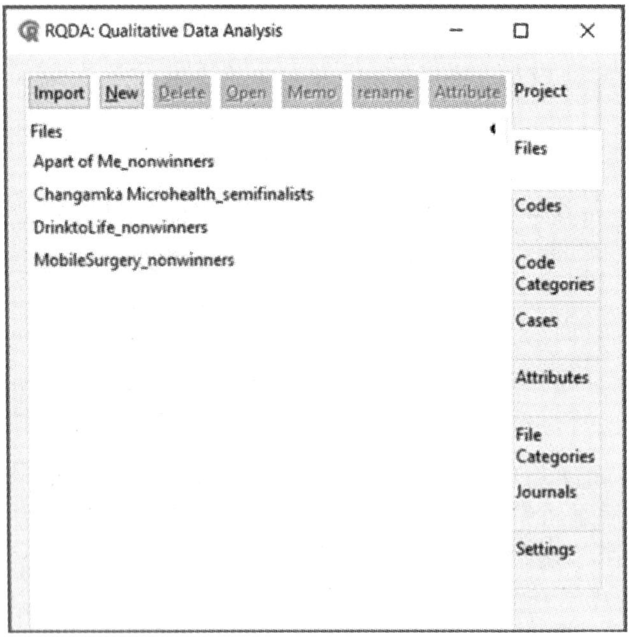


图 7-14 RQDA 中新创建的文本数据文件

最后，正如第 6 章提到的，RQDA 还允许用户导入 PDF 文件中的高亮部分。在这里，我们使用社会创新资料项目氧气工程作为说明。社会创新项目创新者网站上以 PDF 格式提供了补充信息。首先，我们从网站上下载 PDF 文件（https://www.changemakers.com/makingmorehealth/entries/project-oxygen）。请注意，必须使用适当的 PDF 阅读器来打开 PDF 文件，例如 Adobe Acrobat

Pro，Foxit Reader，PDF Xchange Editor，SlimPDF Reader 或 PDF Xchange Viewer。本示例项目使用的是 Adobe Acrobat Pro DC。打开 PDF 文件后，必须在“偏好”（Preferences）菜单中设置评论首选项（单击“编辑”（Edit）菜单以查找 Preferences。请注意，Preferences 菜单的位置在不同的 PDF 阅读器中可能不同）。在 Preferences 菜单中，在“类别”（Categories）下查找“注释”（Commenting），然后选中 Copy selected text into Highlight，Strikethrough，and Underline comment pop-ups。通过执行此操作，在 PDF 文件中所做的高亮部分将在 RQDA 中识别（见图 7－15）。如果使用其他 PDF 阅读器，同样请在 Preferences 菜单中选中此选项。

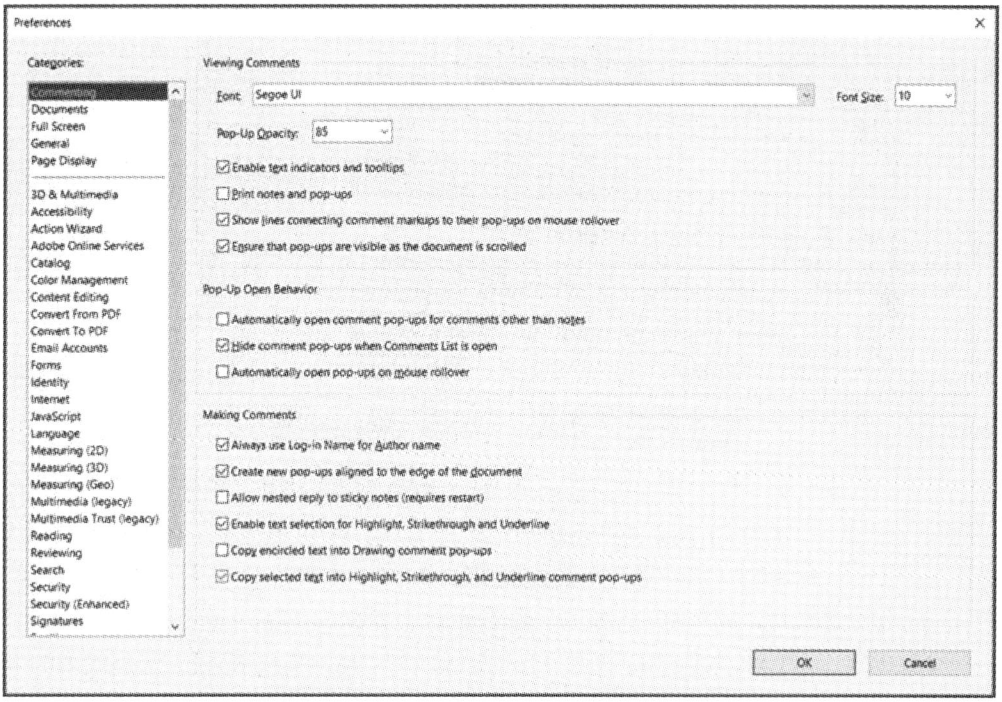


**图 7－15　在 Adobe Acrobat Pro 中设置注释菜单**

接下来，我们使用 PDF 阅读器中的“高亮文本”（Highlight text）工具对要导入 RQDA 进行分析的重要文本做高亮处理（见图 7－16）。如果选项设置正确，当将光标放在高亮文本上时，将看到一个高亮文本的注释弹出。在将数据导入 RQDA 之前，应该保存 PDF 文件中的所有更改。

要将 PDF 文件中的高亮部分导入 RQDA，请按照以下步骤进行：

1. 打开 R 控制台。
2. 通过输入以下语法安装 R 包“rJava”：

```
install.packages("rJava")
```

3. 通过输入以下语法在 R 中加载“rJava”：

```
library(rJava)
```

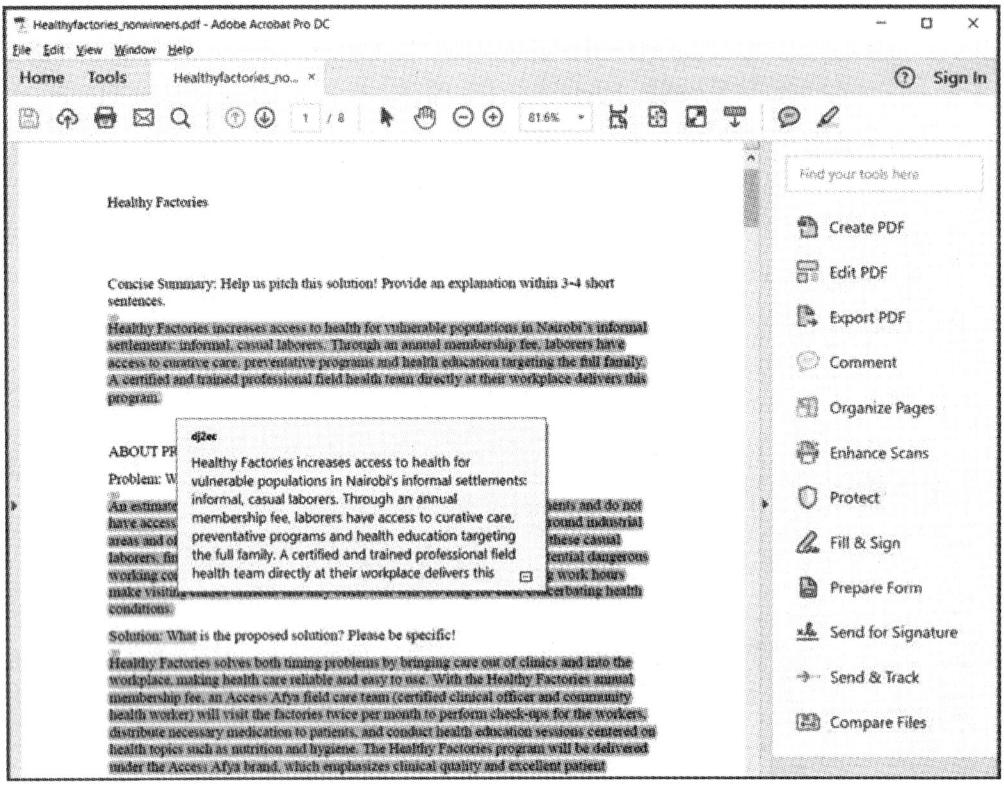


图 7-16 在 PDF 中高亮文本的部分内容

4. 如果已安装的版本为<0.2-5，请输入以下语法，以升级 RQDA：

```
install.packages("RQDA",repos = "http://r-forge.r-project.org")
```

完成这些步骤后，可以启动 RQDA 并打开 RQDA 项目。进入文件菜单，右键单击空白区域，将弹出一个新菜单（见图 7－17）。

请注意，支持 RQDA 中 PDF 高亮部分导入的 R 包 rjpod 在最新版本的 R 中不再可用。如果你是非 R 用户，并且是从开发者（黄荣贵）的共享云盘中下载的 RQDA，仍然可以应用此功能，因为黄荣贵共享的 RQDA. bat 文件是基于旧版本的 R。为了说明此功能，我们直接从黄荣贵的 OneDrive 共享文件夹中下载了 RQDA 0.2-5，并在 Windows 操作系统中运行：https://onedrive. live.com/? id=41C1EE655922D297%21278&cid=41C1EE655922D297。此版本的 RQDA 在 R 版本 2.15.2 上运行，它仍然支持将 PDF 高亮部分导入文件的功能。如果在运行语法“library (rJava)”后看到如下所示的错误，则很可能你没有在计算机中安装 Java，或者没有在 R 中设置 JAVA _ HOME（为 Java 设置环境）。错误信息如下：

```
Loading required package:rJava library(rJava)
Error:.onLoad failed in loadNamespace() for 'rJava',details:
call:fun(libname,pkgname)
error:JAVA_HOME cannot be determined from the Registry
```

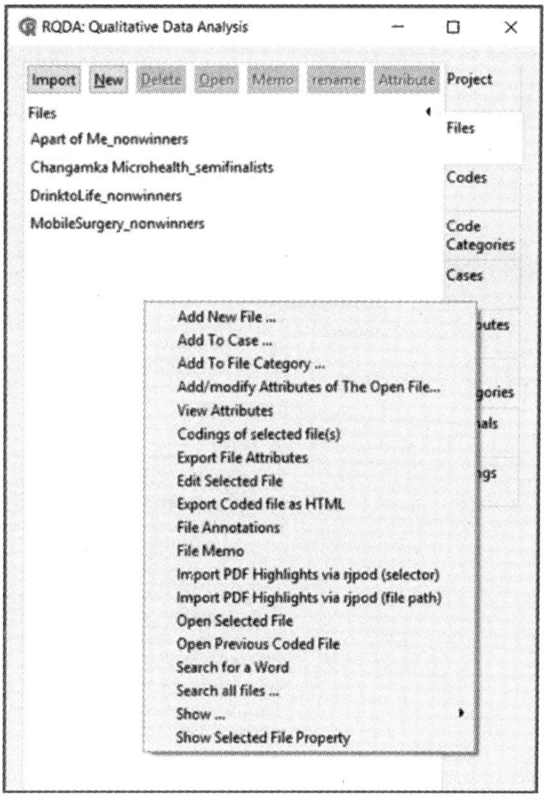


图7-17 在RQDA文件菜单中一个新弹出的菜单

要解决这个问题，可以按照以下步骤进行。

对于那些没有Java的用户，应该下载它，并在R加载“rJava”之前预先安装它（下载地址：http://www.oracle.com/technet-work/java/javase/downloads/jre8-downloads-2133155.html）。选择Java Runtime Environment，在成功安装Java后，需要在R控制台中输入以下语法来设置JAVA_HOME：

```
Sys.setenv(JAVA_HOME = 'C:\\Program Files(x86)\\Java\\jre7')
#you should change the library destination to the location where your Java is installed#
```

然后尝试再次运行语句“library (rJava)”。

要导入PDF高亮部分，应右键单击文件菜单中的空白处，选择Import PDF Highlights via rjpod (selector)，然后选择带有高亮部分的PDF文件。为了便于说明，我们选择了为社会创新项目健康工厂创建的PDF文件（见图7-16）。选择PDF文件后，会在RQDA文件菜单中创建一个新文件。通过双击新文件打开它，文件中所有高亮部分都会出现，如图7-18所示。这个导入的文件的文件扩展名为.pdf，其他从纯文本导入的文件的文件扩展名为.txt。这些文件扩展名将帮助你更好地管理文件，因为你可以区分哪些是从PDF导入的文件，哪些是文本文件，哪些是直接在RQDA中创建的文件（对于直接在

RQDA 中创建的文件，它们没有任何文件扩展名）。

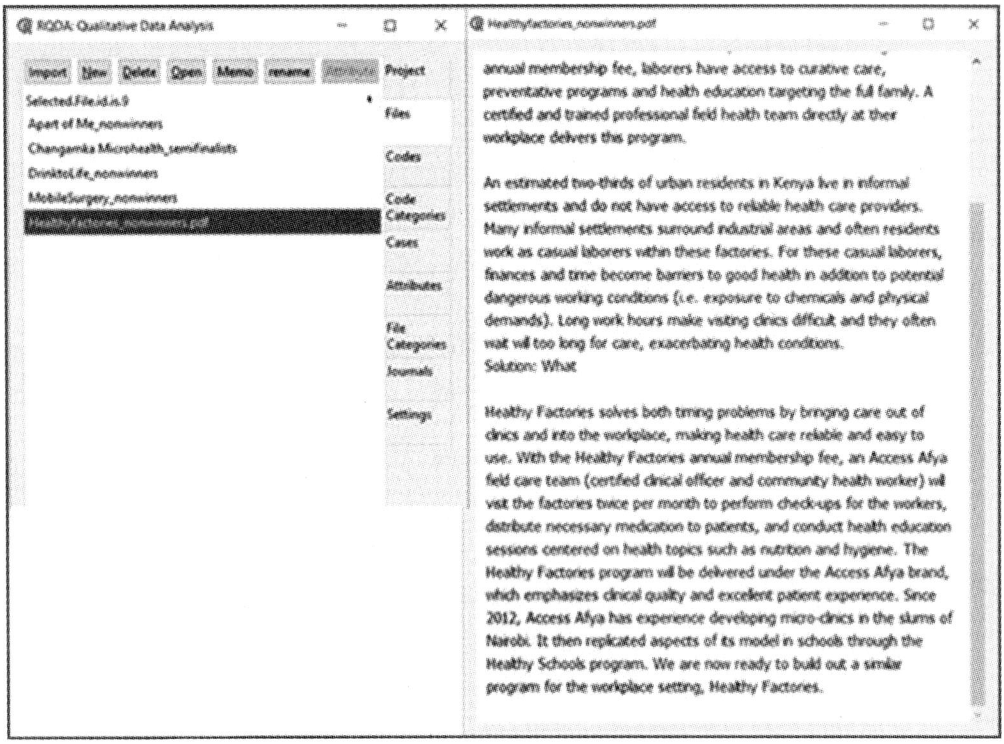


图 7-18　RQDA 中导入的 PDF 高亮部分

# 第8章
# 归纳编码法


**摘要**

任何 CAQDAS 平台包括 RQDA 最重要的功能是编码功能。编码为一小部分文本（如一个特定的词或词项、一个句子、一个短语或一段话）分配一种意义，使用一个最能代表文本的标签（通常是一个或几个词，如通过数字技术或组建一个同伴支持小组）。RQDA 允许归纳编码法和演绎编码法，其操作非常直观。本章关注与焦亚的归纳编码法一致的方法。在 RQDA 中，编码是相当简单和直观的。本章讨论质性研究中的归纳编码过程以及如何在 RQDA 中进行编码。首先，简单介绍了归纳编码法和演绎编码法的概念以及它们的区别。然后，通过分析示例项目“在医疗行业中的社会创新策略和影响”，对 RQDA 中的归纳编码过程进行详细说明。



**关键词**

归纳编码法　演绎编码法　代码标签　编码　一阶代码


## 8.1 归纳编码法和演绎编码法

归纳编码法指的是一种数据分析过程，研究者通过阅读和解释原始的文本数据，基于对数据的解释来形成概念、主题或过程模型（Thomas，2006；Boyatzis，1998；Corbin and Strauss，1990）。顾名思义，归纳编码法通常依赖于归纳推理。在归纳推理过程中，主要是通过反复考察和比较从原始数据中得出要义、主题或模型。归纳编码法首先通过一个称为一阶编码或开放编码的过程整理原始数据。这些数据可能来自新闻文章、采访记录、市场报告、学术文章或其他材料。通过一阶编码，研究者仔细审查数据、进行标注，将数据与更广泛的主题和理论维度结合起来。归纳编码法要求用代码标记文章的段落和句子。

这是一种数据驱动的方法，“研究从一个研究领域开始并让理论从数据中产生”（Strauss and Corbin，1998，p. 12）。使用解释主义-建构主义方法的研究者更喜欢归纳编码法（Corbin and Strauss，1990；Gioia et al.，2013），因为它使用户能够使用接近数据的标签对一个文本单位（如单词、句子或段落）进行编码而不受现有概念、建构或理论的影响。例如，使用社会创新数据例子，句子“Changamka 微健康寻求通过开发部分基于电话联系的产品来大幅降低健康保险的成本”（该组织策略的陈述）可以被编码为替代性的、削减成本的健康护理方法。

对于大多数研究者来说，使用归纳编码法主要是为了分析现存有限的知识领域的数据（例如，一个新兴的研究领域，一个现有领域的新的方面或感兴趣的方面，或有关一个概念、方法或现象的知识存在空白）。这种类型的数据分析不需要任何关于主题或代码的预先确定的概念或理论。

演绎编码法是一种检验数据是否符合之前的猜测、理论或假设的编码过程（Thomas，2006；Scheunemann et al.，2015；Fereday and Muir-Cochrane，2006；Bazeley and Jackson，2013）。例如，如果研究者有一个先入性的观念，即创新能力（Verhees and Meulenberg，2004）将以积极的方式影响产品创新过程，那么研究者可能将包含新产品开发和使用尖端技术的社会创新策略编码为“创新能力”概念的证据。

例如，英国的民间组织“除了我”（Apart of Me）旨在通过数字技术和游戏来解决年轻人的心理健康危机问题。它将自己定位为社会创新者，提供“一个安全的虚拟空间，帮助家庭走出悲伤……将游戏的沉浸式、引人入胜的数字体验和多年来与儿童及家庭合作中获得的治疗见解相结合。利用互动游戏设计为儿童创造一个安全的数字空间，当他们所爱的人死亡时，为他们提供安全的数字空间”（https://bounce.works/apartofme/）。这句话可以作为一个数据进行演绎编码，显示创新能力概念的存在。

归纳编码过程和演绎编码过程的主要区别在于：演绎编码过程旨在检验理论，并且通常从假设或命题开始（Fereday and Muir-Cochrane，2006）。演绎编码过程是自上而下的编码方法。通常演绎编码的编码方案或编码手册（带有精确的度量标准，如“是”或“否”，或度量信息，如“销售额的数量表示”）是基于现有的理论、主题或模型预先设计的，以指导演绎编码过程。一旦编码方案（关于所有概念和概念度量方式的一个完整列表）完备，研究者便将代码应用到文本中。大多数质性研究是指归纳编码过程而不是演绎编码过程。

本示例项目采用了焦亚式的归纳编码法，对“创造更多健康：共同创造更健康的世界”参与者的组织材料进行编码。这是一个由爱创家创新者创建的在医疗领域的社会创新竞赛，以寻找医疗领域的策略和社会创新项目的影响。为了演示使用 RQDA 展示基于焦亚方法的质性研究过程，我们首先向 RQDA 导入了由 3 个半决赛者和 7 个非优胜者（来自 MMH 竞赛）组成的 10 个组织文本及其补充数据。图 8－1 显示了归纳编码过程的各个阶段。

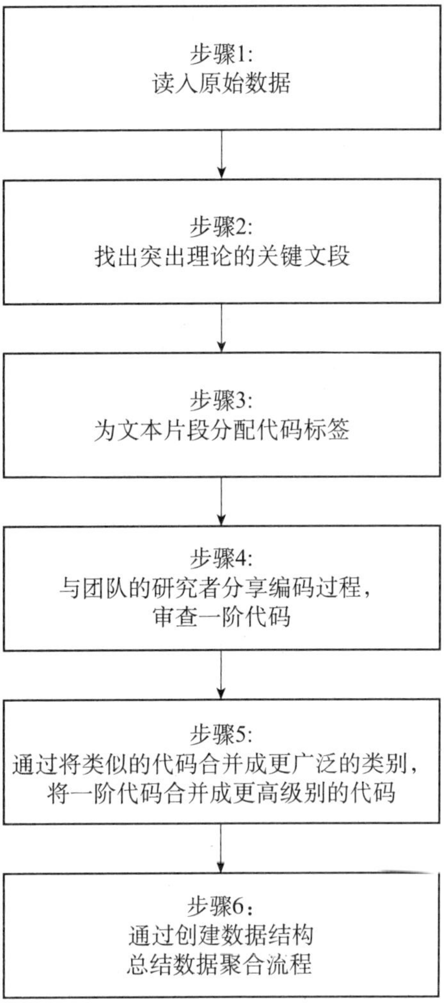


**图 8-1　数据编码的步骤**

本示例项目使用 RQDA 完成了如图 8－1 所示的前五步，并使用 Microsoft Visio 绘制数据结构，以达到最佳可视化效果。下一节将讨论为 RQDA 中的文本片段分配代码的详细步骤以及 RQDA 用于质性数据分析的其他有用功能。

## 8.2　RQDA 编码

如上所述，编码是 RQDA 最重要的功能之一。编码过程很简单。导入文件（如采访稿件、新闻报道文本）后，只需在文件菜单下双击要分析的文件(文件功能见图 7－8)，就会出现一个新的窗口，显示所选文件的内容（见图 8－2)。

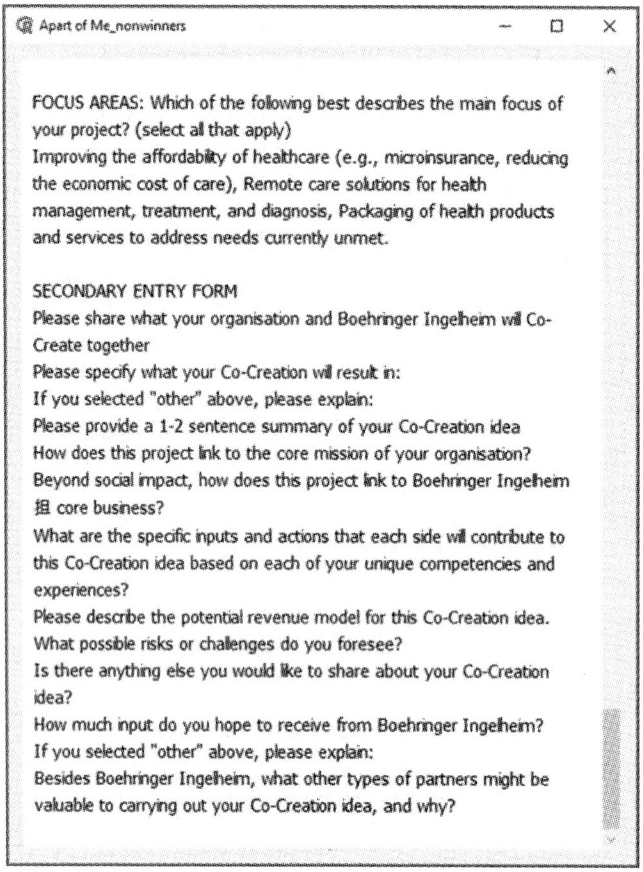


图 8-2 RQDA 中的文件窗口

在“代码”（Codes）菜单下面有八个按钮（添加（Add）、删除（Delete）、重命名（Rename）、备忘录（Menno）、注解（Anno）、编码（Coding）、取消标记（Unmark）和标记（Mark）)，允许添加、编辑或删除代码（见图 8-3）。

为了对选定的文件进行编码，我们按照以下步骤为社会创新者使用的策略及与社会创新项目影响相关的文本片段分配编码：

1. 仔细阅读文本，找出有用或有意义的词或句子，可以编码为一阶概念(见 2.2 节对一阶概念的定义)。

2. 单击代码菜单中的 Add 按钮输入新代码。

3. 选择要编码的句子或段落。

4. 单击“代码”菜单中的 Mark 按钮，并将其应用于需要编码的单词或句子。

在制作一阶代码时，对于代码的多少并没有硬性规定。通常的做法是在句子级别上进行编码。研究者也会在段落级别上编码。如果研究者认为其中包含重要的意义或对一个概念有重要的启示或发现，也可以在一个短语或关键字层面上进行编码。在研究中，我们对所有层次都进行了编码，包括：句子、段落和关键短语或关键字。

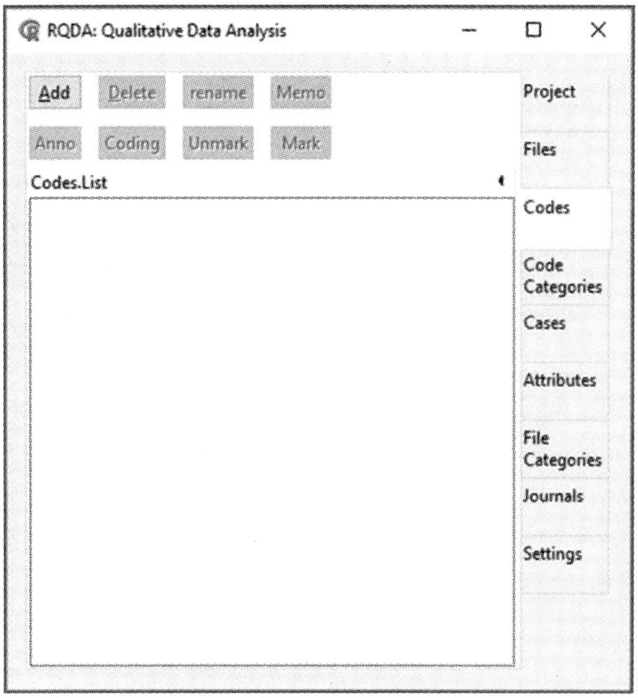


图 8-3 RQDA 中的编码按钮

另一个经常被问到的问题是，如何知道创建的代码是否足够详细，或者代码应该有多宽泛？我们的建议是，研究者应使用尽可能详细的代码标签。这种策略可以防止信息损失，因为当研究者在一阶代码中使用过于宽泛的代码标签时，有时会发现只有很少的信息可以聚合以创建二阶代码。

创建多个代码标签来表示多重又细微的含义也是一种好做法。例如，句子“我们（一对年轻夫妇）不想要孩子……但我们喜欢宠物……我们把普卢托（Pluto）（一条马耳他幼犬）当成孩子”可以编码为“宠物 _ 作为 _ 孩子的 _ 替代”“宠物 _ 作为 _ 孩子”“年轻 _ 夫妇 _ 更喜欢 _ 宠物 _ 而不是 _ 孩子”。

对于编码的另一个重要建议是保守地编码，包括表达数据中明确的内容的代码标签，而不是推断意图来编码。上面的例子显示的是保守编码的代码标签，没有包括任何文本作者的意图。研究可以在代码中加入文本作者的意图，但这可能会误导读者，使研究结果出现偏差。对于上述已婚年轻夫妇喜欢宠物而不喜欢孩子的例子，研究者可以做出自己的推论，表达这对夫妇不生孩子的意图，如“高 _ 生活 _ 成本”“房子 _ 是 _ 买不起的”或“我们的 _ 工作 _ 生活是 _ 太 _ 有压力的”。在推导类型的研究中，保守谨慎的方法永远是一种更好的策略。

例如，“为生活干杯”（Drink to Life）社会创新项目旨在通过向孕妇和哺乳期妇女提供维生素强化饮料来解决发展中国家的营养不良问题，以保证孕期健康。我们创建了一个名为“Worked _ to _ support _ healthy _ pregnant”（做一

些事 _ 为 _ 支持 _ 健康 _ 怀孕）的一阶概念，其内容为：“首先，我们将预防营养不良而不是治愈。在上述经济和社会成本带来的问题中，大部分是由于未能在受孕至婴儿两周岁这段关键时期为妇女提供营养。在此期间营养不良造成的损害是不可逆转的。‘谷物条’之类的干预措施是有用的，但通常在孩子生命周期中实施得太晚。这款饮料支持健康怀孕，并将在关键发育时期滋养新一代。”如本例所示，我们对整个段落进行编码，并识别“为生活干杯”项目的相关内容。

我们还可以基于句子层次对上面的文本进行编码。例如，“首先，我们将预防营养不良而不是治愈”可以编码为“预防 _ 营养不良”。同样，“这款饮料支持健康怀孕，并将在关键发育时期滋养新一代”这句话也可以编码为“产前 _ 饮料 _ 促进 _ 健康 _ 怀孕”（Prenatal _ Beverages _ For _ Healthy _ Pregnancies）(这是针对婴儿营养不良问题的策略与干预)。

我们还可以使用多个代码标签捕获一个句子的多个含义。例如：“在上述的经济和社会成本带来的问题中，大部分是由于未能在受孕至婴儿两周岁这段关键时期为妇女提供营养。在此期间营养不良造成的损害是不可逆转的。‘谷物条’之类的干预措施是有用的，但通常在孩子生命周期中实施得太晚”可以编码为“没有 _ 给 _ 婴儿 _ 在 _ 关键 _ 时期 _ 提供营养”“营养不良 _ 是 _ 不可逆转的”“现有的 _ 干预措施 _ 被 _ 实施得 _ 太 _ 晚”。

添加新代码后，可以在“代表列表”（Codes. List）下的“代码”菜单中找到它。编码文本片段会自动以高亮颜色显示，代码标签出现在编码文本前面，如图 8－4 所示。

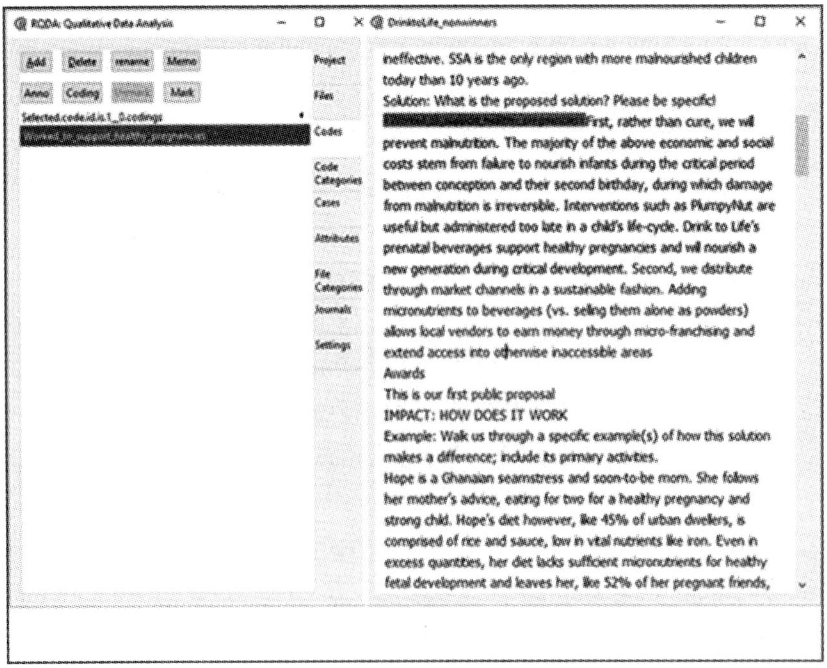


图 8－4　RQDA 中的案例被编码的文本

如图 8-4 所示，高亮颜色显示的是已编码的句子，所选文本已经完成编码。代码标签出现在每个编码文本的前面。一阶概念的颜色可以根据你的偏好进行更改。你可以在 RQDA 的“设置”（Settings）菜单的“编码颜色菜单”（Color for Coding）下选择喜欢的颜色。RQDA 提供了数百种标签颜色（见图 8-5）。

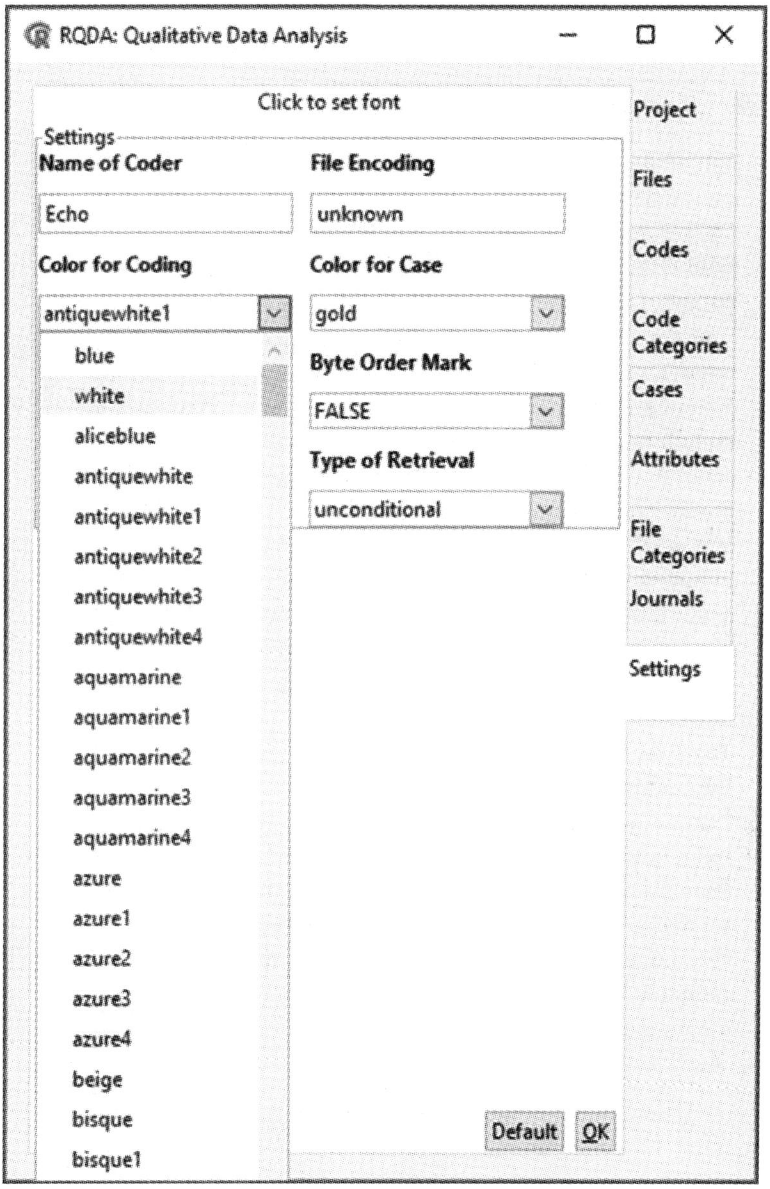


图 8-5　在 RQDA 编码中改变颜色标记

当为一个项目解释并编码导入 RQDA 的所有文本文件时，可以在新概念出现时创建新代码，或者继续使用现有代码来编码属于现有代码标签下的其他文本。当没有新概念出现时，可以停止创建代码标签。

解释主义-建构主义学派的研究者可以将一个短语或句子或段落编码为

一个以上的一阶概念，如果这个短语或句子或段落可以合理地表示一个以上的意思（例如，“给乞丐现金并不能解决问题”可以编码为“避免 _ 依赖”，也可以编码为“给 _ 现金 _ 有问题”）。RQDA 对创建的代码数量没有限制，不同的代码可以在文件窗口中以不同的高亮颜色显示，如图 8－6 所示。通过这种方式，研究者可以很容易地对不同代码在整个文本中的应用情况进行整体了解。

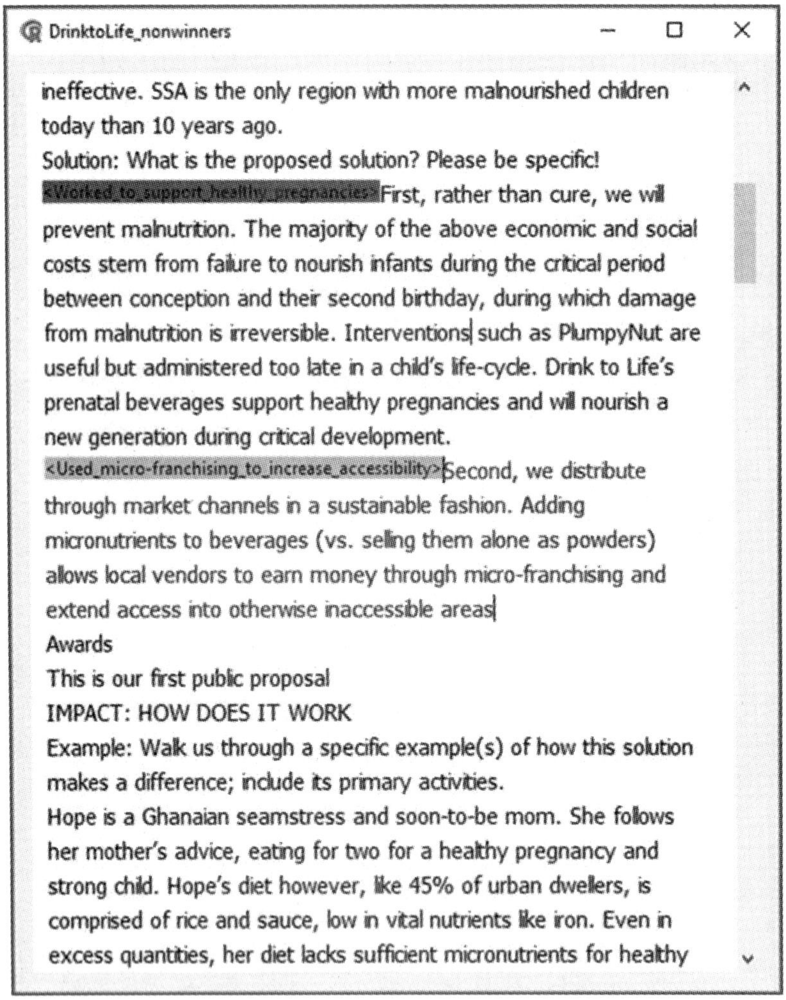


图 8－6　在 RQDA 中的高亮代码

RQDA 会自动用相同的颜色突出显示在同一代码下编码的文本片段，以方便理解。值得注意的是，用户可以删除或重命名在代码菜单中的任何代码。要删除或重命名代码，选择该代码并单击删除或重命名按钮。此外，用户还可以撤销编码，通过选择编码文本，点击代码菜单中的取消标记按钮，删除代码标签及其高亮颜色。

此外，RQDA 使用户可以在任何时候通过双击代码菜单中的代码查看常规代码下的所有编码文本片段。这里，将出现一个新窗口，其中包含所选代码下的所有被编码的文本片段。例如，为了查看代码“做一些事 _ 为 _ 支持 _ 健康 _ 怀孕”下的所有编码文本片段，双击代码菜单中的该代码，会弹出一个新窗口，如图 8 - 7 所示。

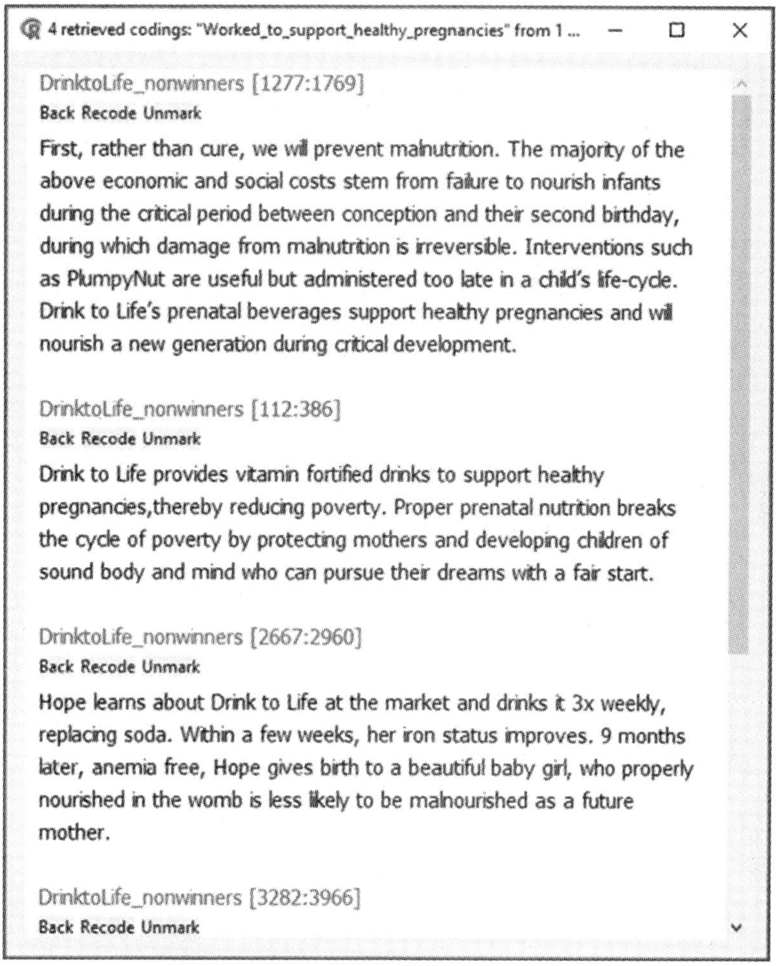


图 8 - 7　在 RQDA 中查看一个代码被编码的文本片段

图 8 - 7 显示了代码“做一些事 _ 为 _ 支持 _ 健康 _ 怀孕”下来自不同文件的所有文件信息。用户可以通过点击文件名下面的“后退”（Back）按钮来打开单个文件（例如，除了我 _ 非优胜者）。条件检索也是允许的。例如，用户可以通过以右键单击“代码”菜单，显示有无编码类别的代码，或根据代码创建的时间或频率对代码进行排序（见图 8 - 8）。

此外，只需单击代码菜单中的“重新编码”（Recode）或“取消标记”（Unmark）按钮来重新编码或取消标记代码，或者可以在文件菜单中通过选择编码文本片段并单击“取消标记”按钮来取消标记代码。

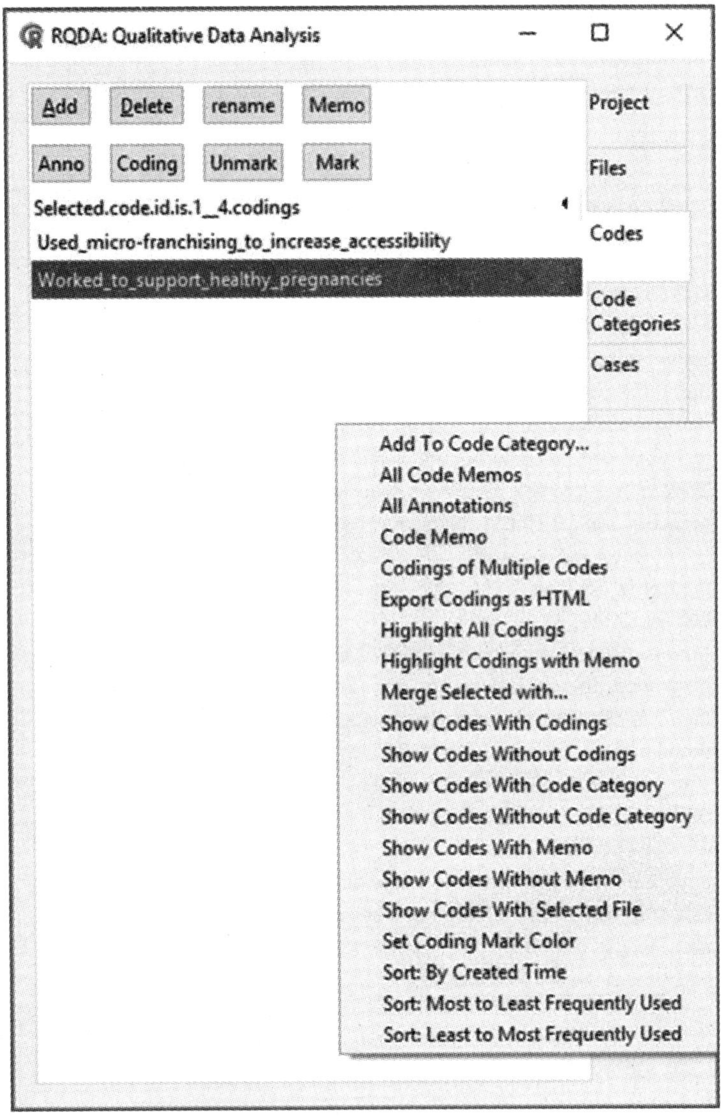


**图 8-8** 在 RQDA 中设置条件检索

图 8－9 显示了菜单的另一个功能——“合并”（Merge）菜单。可以将类似的代码合并成一个。可以先选择一个代码，然后在图 8－9 的“合并”菜单中点击“合并选择”（Merge Selected with...）按钮，这时，显示所有现有代码的新窗口将出现，然后可以选择一个或多个代码进行合并（见图 8－9）。

除了在 RQDA 中为文本单独分配代码外，用户还可以使用 R 语言编程语句，通过模式匹配来执行特定单词的自动编码。该函数允许用户根据特定的单词对文件中的段落进行编码。例如，我们想用“关键字数字”（digital）对段落进行编码，要首先创建一个名为“数字技术”（Digital technology）的新代码（见图 8－10）。

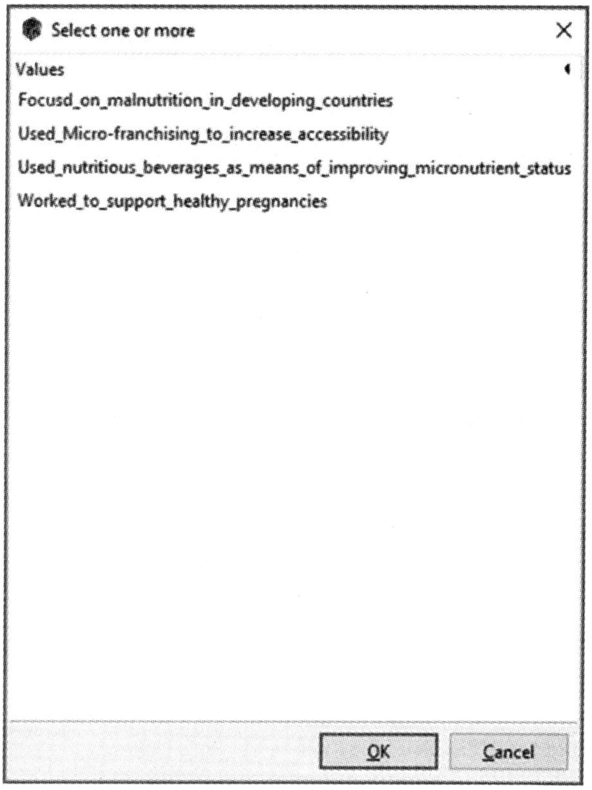


图 8-9　RQDA 中的合并代码

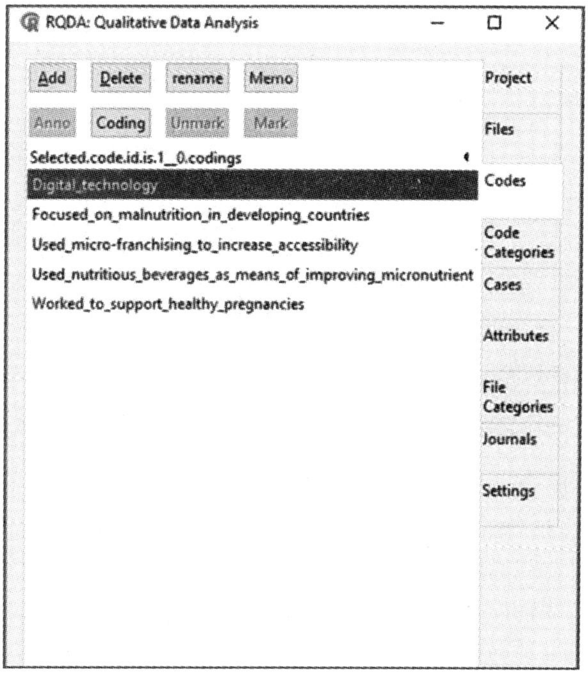


图 8-10　RQDA 中新创建的代码："数字技术"

为了更好地演示自动编码功能，我们没有在此代码下手动标记任何文本片段。要命令 R 自动编码，请在 R 控制台输入以下语法：

```
codingBySearch("digital",fid = 1,cid = 6)
codingBySearch("digital",fid = getFileIds(),cid = 6)
codingBySearch("digital",fid = getFileIds(),cid = 6,seperator = "[.!?]")
```

在上面的语法中，fid（意思是文件 ID）表示选择的文件。可以在顶部横向菜单下的 GUI 文件菜单中找到文件的 ID（见图 8-11）。

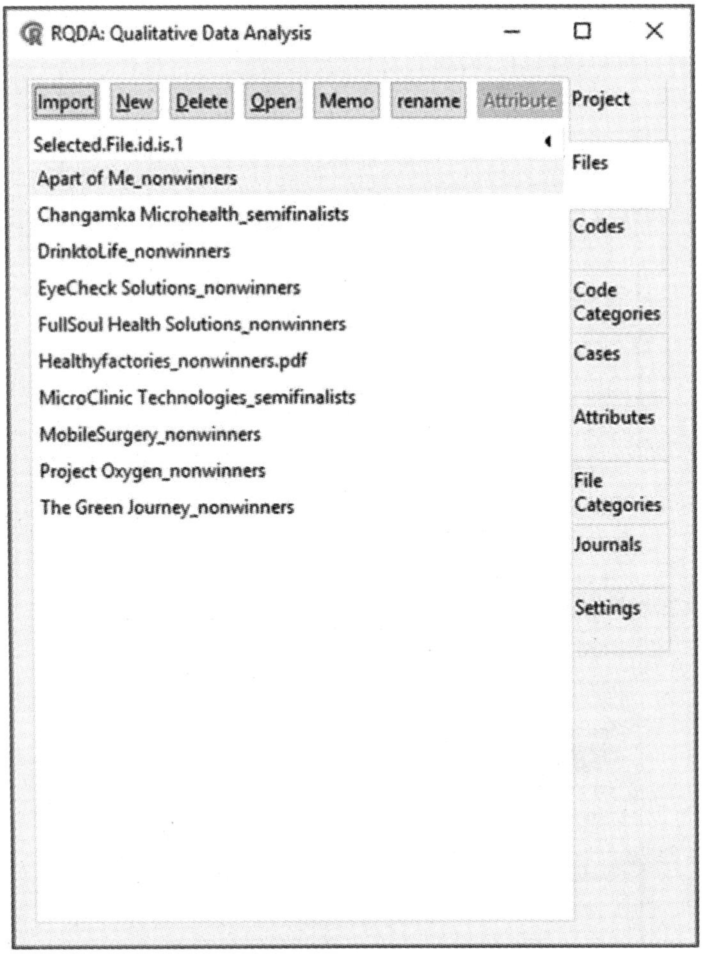


**图 8-11** RQDA 中一个文件的文件 ID（“除了我_ 非优胜者”（Apart of Me_ nonwinners））

例如，如果我们想自动编码“除了我 _ 非优胜者”的文件，就在“fid=”之后输入 1，因为它的文件 ID 是 1。类似地，在你希望自动编码的选定代码后输入 cid（意思是代码 ID）。在演示中，新创建的代码“数字技术”的 ID 为 6（见图 8-10），因此在“cid=”后面应该加上一个数字 6。在 R 控制台输入语法并按回车键运行语法后，自动编码将在几秒钟内完成，然后就可以通过双击代码“数字技术”来查看新的编码。正如在图 8-12 中看到的，每个编码都包含一个关键字“数字”。如果对自动编码功能有任何问题或需要查询，请在 R

控制台中输入语句“? codingBySearch”以获得更多信息。

图 8-12 RQDA 的自动编码

## 参考文献


Bazeley, P., & Jackson, K. (Eds.). (2013). *Qualitative data analysis with NVivo*. London: Sage.

Boyatzis, R. E. (1998). *Transforming qualitative information: Thematic analysis and code development*. London: Sage.

Corbin, J., & Strauss, A. (1990). Grounded theory research: Procedures, canons and evaluative criteria. *Zeitschrift für Soziologie, 19*(6), 418–427.

Fereday, J., & Muir-Cochrane, E. (2006). Demonstrating rigor using thematic analysis: A hybrid approach of inductive and deductive coding and theme development. *International Journal of Qualitative Methods, 5*(1), 80–92.

Gioia, D. A., Corley, K. G., & Hamilton, A. L. (2013). Seeking qualitative rigor in inductive research: Notes on the Gioia methodology. *Organizational Research Methods, 16*(1), 15–31.

Scheunemann, L. P., Cunningham, T. V., Arnold, R. M., Buddadhumaruk, P., & White, D. B. (2015). How clinicians discuss critically ill patients' preferences and values with surrogates: An empirical analysis. *Critical Care Medicine, 43*(4), 757.

Strauss, A., & Corbin, J. (1998). *Basics of qualitative research techniques*. London: Sage.

Thomas, D. R. (2006). A general inductive approach for analyzing qualitative evaluation data. *American Journal of Evaluation, 27*(2), 237–246.

Verhees, F. J., & Meulenberg, M. T. (2004). Market orientation, innovativeness, product innovation, and performance in small firms. *Journal of Small Business Management, 42*(2), 134–154.

# 第 9 章 数据属性与备忘录

**摘要**

本章讨论了使用 RQDA 管理文件的不同方法，包括设置不同的案例属性、创建备忘录、将多个文件聚合为一个案例文件，以此来支持你的质性数据分析。研究者可利用以上功能为每个文件设置变量标签，也可进行深入的质性比较研究。

**关键词**

文件属性　案例　案例属性　文件类别　备忘录　日志

## 9.1 创建数据文件属性

在 RQDA 中，可以通过属性菜单向单个数据或文本文件添加变量。属性可以理解为附加在案例或文件上的一个变量，有一个单一的值。属性可以包括文件类型（如传记、访谈），也可代表更详细的信息（例如，关于非优胜者与半决赛者）。属性的其他例子包括性别（受访者是男性还是女性）、年龄（成人或老年人）、地点（城市或农村地区）或绩效（高绩效或低绩效）。属性数据使你能够对数据进行一些简单的统计学分析，作为附加分析（在主数据分析完成后）。

RQDA 中 Attribute 函数的优势是，不能无意中给一个文件或一个案例分配多个本应相互排斥的值。例如，一个受访者不能同时被赋予优胜者和非优胜者的属性，必须是其中之一。要将一个属性分配给一个文件，请采取以下步骤。首先，应该进入属性菜单并单击“添加”（Add）按钮，将会弹出一个新的输入窗口（见图 9-1），接下来为新属性输入一个名称。

例如，在示例项目“创造更多健康，共同创造更健康的世界”中，我们从社会创新团体、非优胜者和半决赛者中提取了资料。为了表示这样的分组，我们创建了一个名为“竞赛结果”（Competition Results）的属性。我们还创建了两个属性：组织类型（Organization Type）和项目阶段（Project Stage）。创建的属性可以在页面顶部菜单中的属性菜单下找到，如图 9-2 所示。

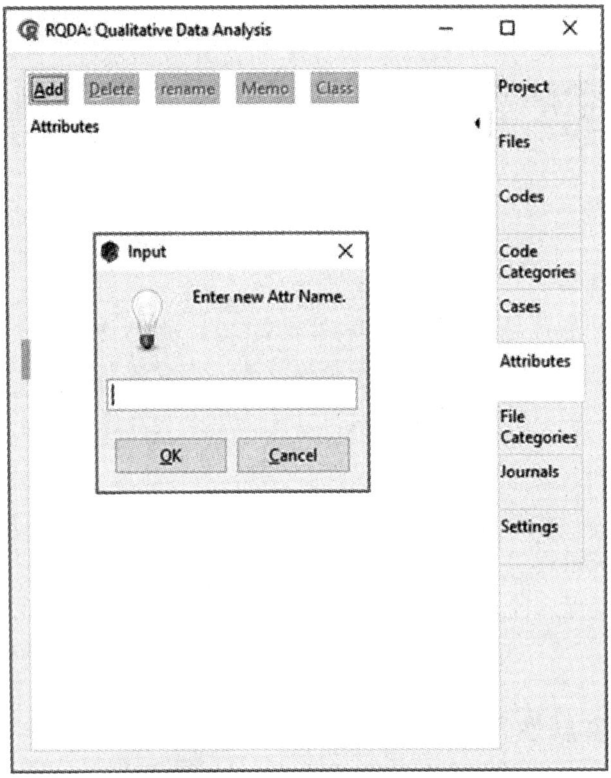


图 9-1　在 RQDA 中添加数据属性

图 9-2　在 RQDA 中查看目前已有的属性

RQDA 中有两种类型的属性：数值和文本。对于每个属性，可以通过“类”（Class）功能设置类型，设置方法如下：单击属性菜单中的“类”按钮，将出现一个带有三个选项的新窗口（见图 9-3）。

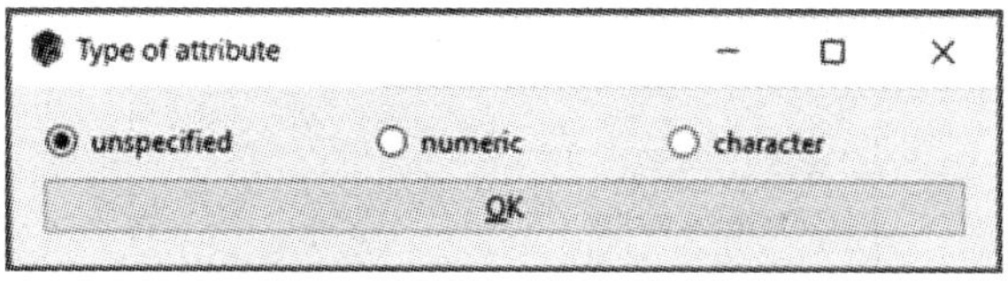


图 9-3 在 RQDA 中选择属性类型

如果选择类型“数值”（numeric），则该属性下不同类别的变量将由数字代表。例如，我们为竞赛结果的属性选择了数值，并决定使用“0”表示非优胜者，使用“1”表示半决赛者。设置方法如下：首先选择属性“竞赛结果”，再单击如属性菜单中的“备忘录”（Memo）按钮，将弹出一个记事本窗口。然后使用如图 9-4 所示的格式在记事本中设置变量的值。

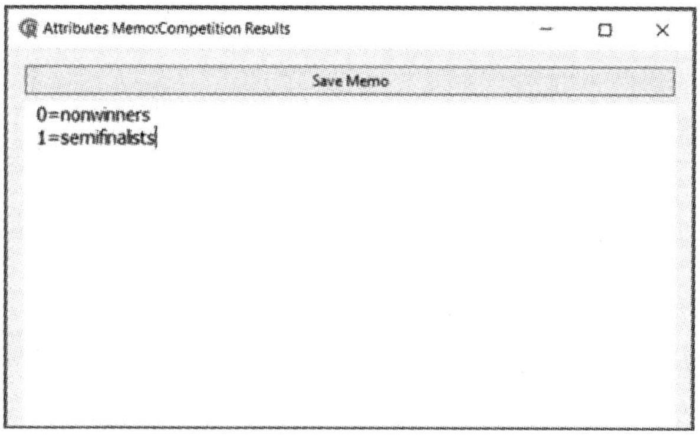


图 9-4 在 RQDA 中分配属性变量

如上所述，我们成功地为属性“竞赛结果”建立了两个变量。记得在关闭窗口之前点击“保存备忘录”（Save Memo）按钮进行保存。我们使用相同的方法分别为其他两个属性分配变量（见图 9-5）。

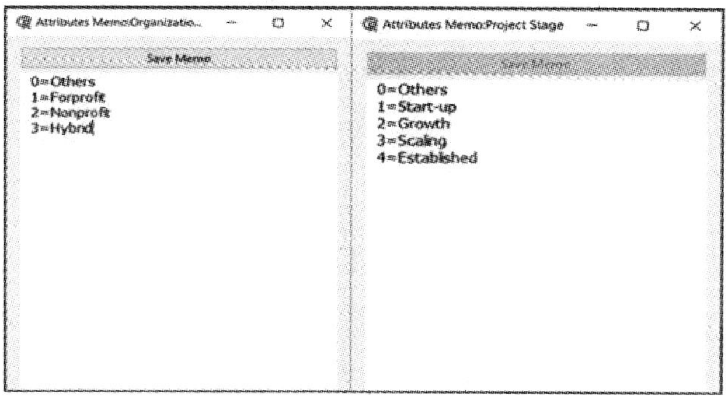


图 9-5 在 RQDA 中查看属性变量

如果变量属性类型选择“字符”（character）类型，则必须使用单词或字母对属性变量赋值。例如，我们可以使用“NW”和“SF”分别代表非优胜者和半决赛者（见图 9-6）。

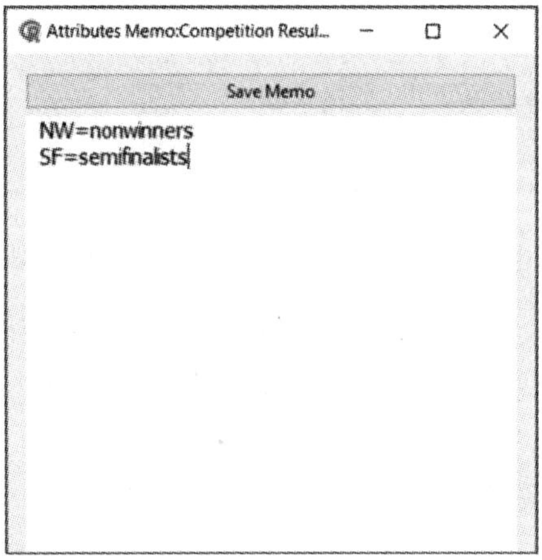


图 9-6 RQDA 中的字符类型属性

完成属性设置后，可以将属性分配给每个导入的文件。在文件菜单中选中要处理的文件，单击顶部菜单栏中的属性，将弹出一个显示属性信息的新窗口（见图 9-7）。

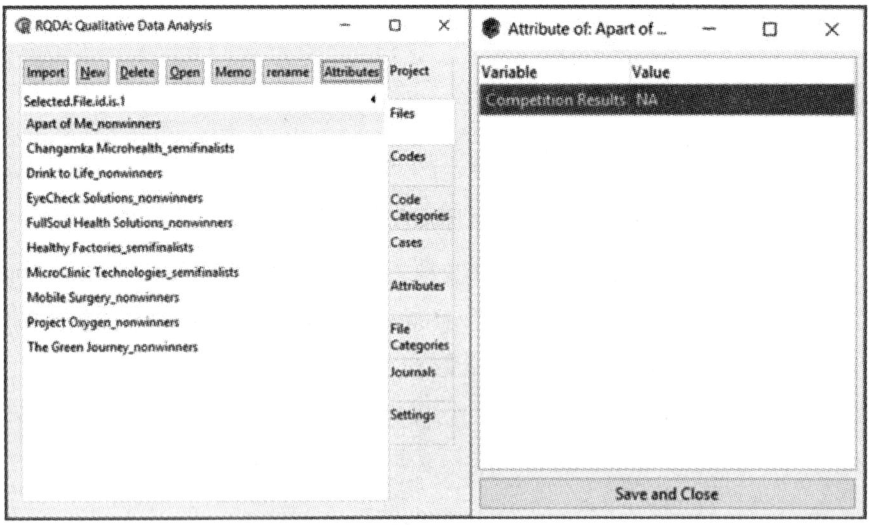


图 9-7 在 RQDA 中对文件分配属性

要分配属性，在弹出窗口的值（Value）区域单击“NA”即可输入属性值。例如，在示例项目中，社会创新项目“除了我”没有赢得创新者竞赛，因此我们在属性值区域输入“0”，表明“除了我”案例中的文件属于非优胜者组。值输入完成后敲击空格键，然后单击“保存并关闭”（Save and Close）按钮保存更改，属性值将出现在弹出窗口中（见图 9-8）。

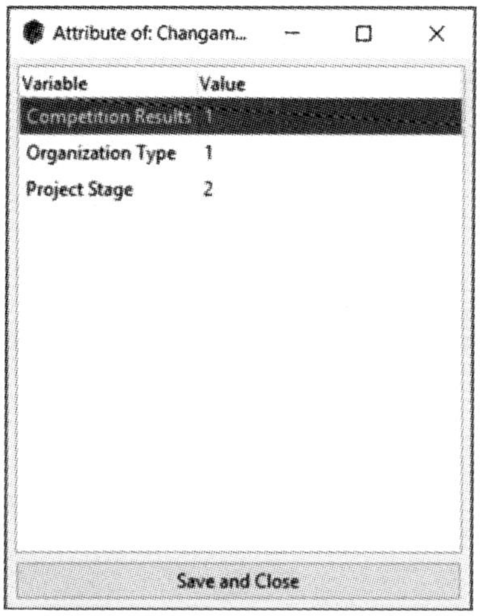


图 9-8　在 RQDA 中查看文件属性

要查看所有属性，右键单击文件菜单中的空白区域，在弹出的菜单中选择“查看属性”(View Attributes)，会出现一个新的窗口，里面有所有文件的属性，可以清楚地看到文件的概况。如图 9-9 所示，我们的社会创新项目样本包括 4 个营利性组织、4 个混合组织（营利性和非营利性混合）和 1 个非营利组织等。

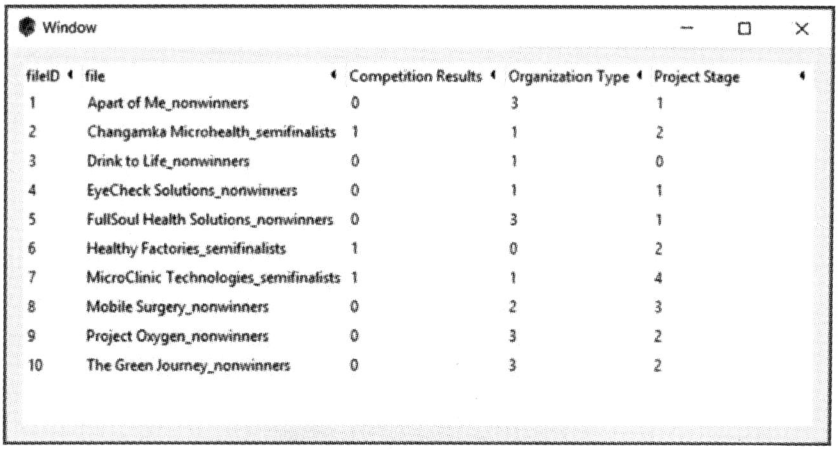
Window

| fileID | file | Competition Results | Organization Type | Project Stage |
|---|---|---|---|---|
| 1 | Apart of Me_nonwinners | 0 | 3 | 1 |
| 2 | Changamka Microhealth_semifinalists | 1 | 1 | 2 |
| 3 | Drink to Life_nonwinners | 0 | 1 | 0 |
| 4 | EyeCheck Solutions_nonwinners | 0 | 1 | 1 |
| 5 | FullSoul Health Solutions_nonwinners | 0 | 3 | 1 |
| 6 | Healthy Factories_semifinalists | 1 | 0 | 2 |
| 7 | MicroClinic Technologies_semifinalists | 1 | 1 | 4 |
| 8 | Mobile Surgery_nonwinners | 0 | 2 | 3 |
| 9 | Project Oxygen_nonwinners | 0 | 3 | 2 |
| 10 | The Green Journey_nonwinners | 0 | 3 | 2 |

图 9-9　在 RQDA 中查看数据属性

## 9.2　创建案例

在“案例”(Cases) 菜单中，用户可以将多个文件与一个特定的案例（代表分析单位）联系起来（你还可以将一个案例与一组文件联系起来），这使用户能够筛选出具有相似特征的文件（例如，爱创家组织中所有来自印度的人员的文件集），并与其他文件组（例如，爱创家组织中所有来自美国的人员的文件集）进行比较。创建案例非常简单，仅需单击“案例”菜单中的“添加”按钮并输入新案例的名称（见图 9-10）。

图 9-10　在 RQDA 中创建新案例

为了展示，我们创建了两个案例：发达国家（Developed country）和发展中国家（Developing country）。我们用这两个案例来显示社会创新项目的来源国。用户可以通过以下步骤向案例中添加文件，如图 9-11 所示。

图 9-11　在 RQDA 中为案例添加文件

1. 在“案例”菜单中右键单击想要添加文件的案例（例如，发展中国家）。
2. 点击“添加”文件（Add File (s)）。
3. 从弹出窗口中选中要添加的文件。

另一种将文件添加到案例中的方法是在“文件”菜单中右键单击文件，在弹出的菜单中选择“添加到案例”（Add To Case...），然后在新弹出的窗口中点击要添加文件的案例（见图 9－12）。

图 9－12　在 RQDA 中将单个文件添加到案例中

在将文件成功添加到案例后，点击顶部菜单下方的案例名称，可以查看“案例”菜单中找到的与每个案例相关的所有文件。例如，要查看哪些社会创新项目的影响区域（regions of impacts）在发展中国家，仅需点击案例“发展中国家”，与该案例相关的文件列表就会出现在下面的窗口中（见图 9－13）。

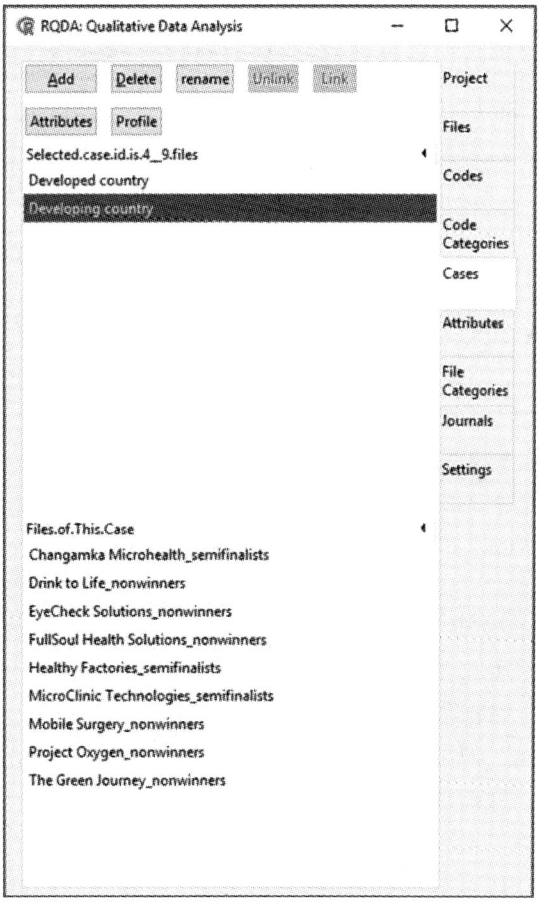


图 9－13　在 RQDA 中查看“发展中国家”案例中的文件

Case 函数的一个有用的功能是它允许用户分别将文件的一部分链接到案例或从案例中断开链接。例如，我们只想链接“除了我”文件的第一段（见图 9-14）而不需要其余部分。要做到这一点，我们首先在“案例”菜单中打开“除了我”文件。然后，我们选择要从案例中删除的文本/片段，之后点击“案例”菜单顶部的“解除链接”（Unlink）按钮。被选中的文本将被删除（见图 9-14）。当我们想要重点分析文件中文本的某些特定部分时，这个功能是相当有用的。例如，如果文件来自访谈记录，我们可能只想分析受访者的回答。我们可以使用此功能将不同观点间的回答链接到一个案例中。

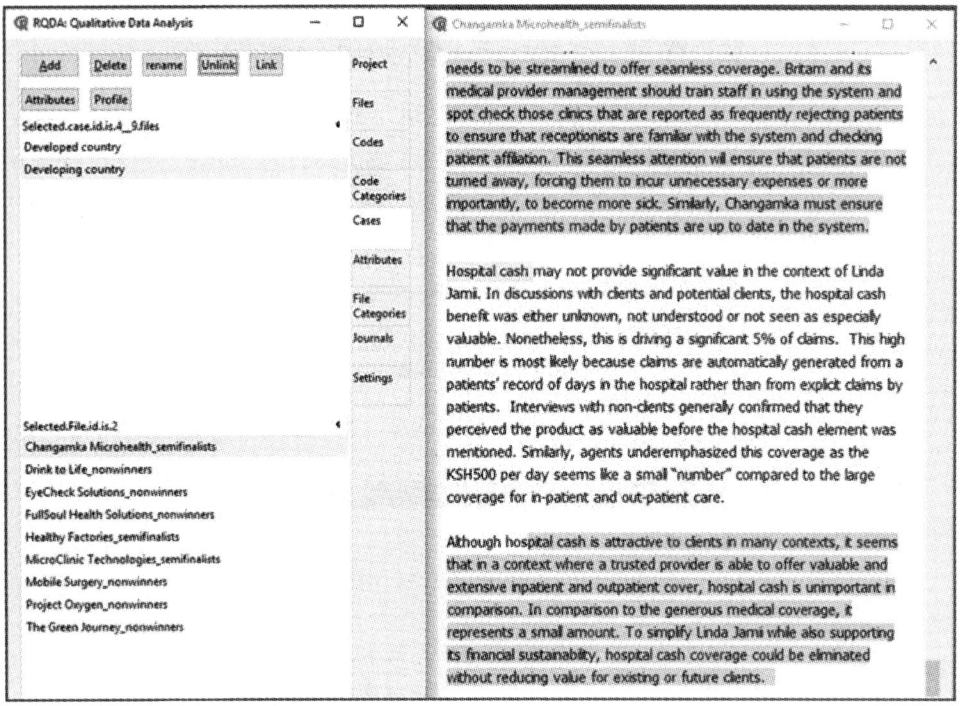


图 9-14 在 RQDA 中将部分文本移出案例

## 9.3 创建文件类别

在 RQDA 中管理文件的另一种方法是使用“文件类别”（File Categories）菜单。该菜单允许用户将文件分为不同的类别。例如，当分析示例项目时，我们希望根据数据源对文件进行分类。与属性功能不同，用户可以为一个文件分配多个类别。例如，我们可以在文件类别菜单中点击“添加”按钮，创建两个文件类别，分别是唯一来源（sole source）和多个来源（multiple sources），如图 9-15 所示。

要将文件添加到文件类别中，请在“文件类别”菜单中单击选定的文件类别，然后单击“添加到”（Add to）按钮，从新弹出的窗口中选择一个或多个要添加的文件（见图 9-16）。

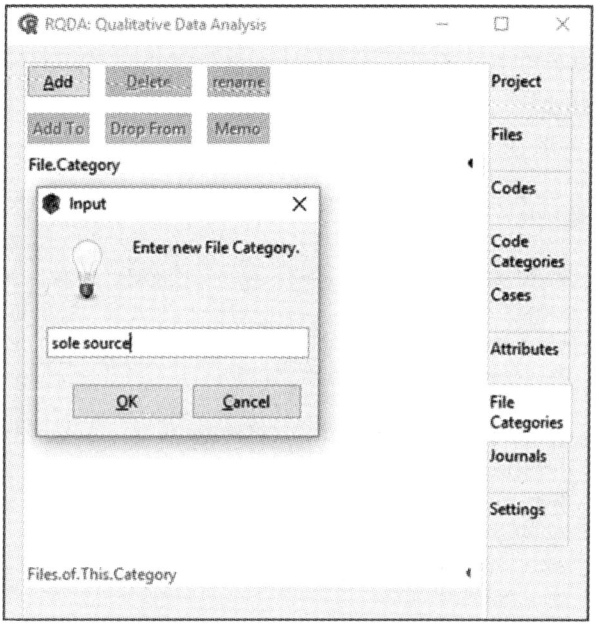


图 9 - 15　在 RQDA 中创建文件类别

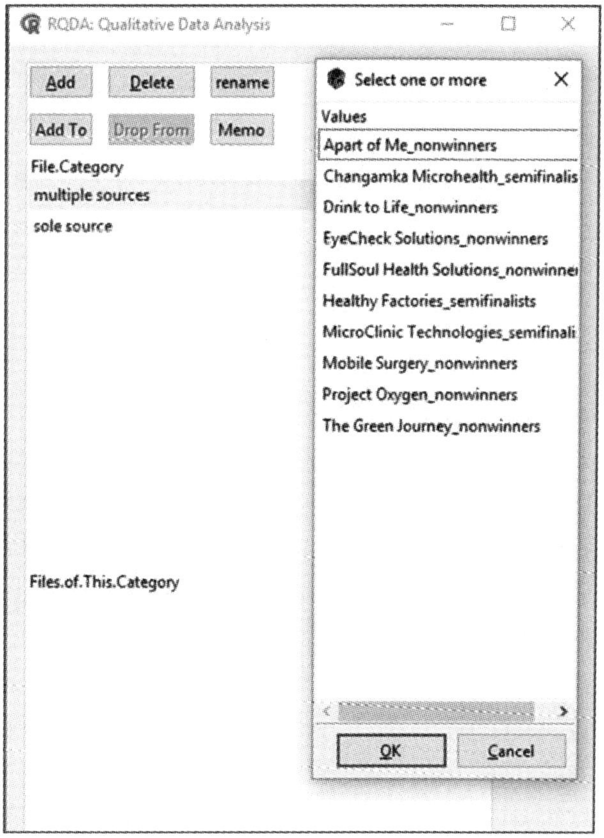


图 9 - 16　在 RQDA 中将多个文件添加到文件类别中

另外，也可以通过指向单个文件，右键单击文件菜单中选定的文件，然后从弹出的菜单中选择“添加到文件类别”(Add To File Category...)，将文件添加到文件类别中。接下来，用户可以选择一个或多个文件类别，然后单击“OK”。此方法让用户可同时将一个文件添加到多个文件类别中（见图 9-17)。

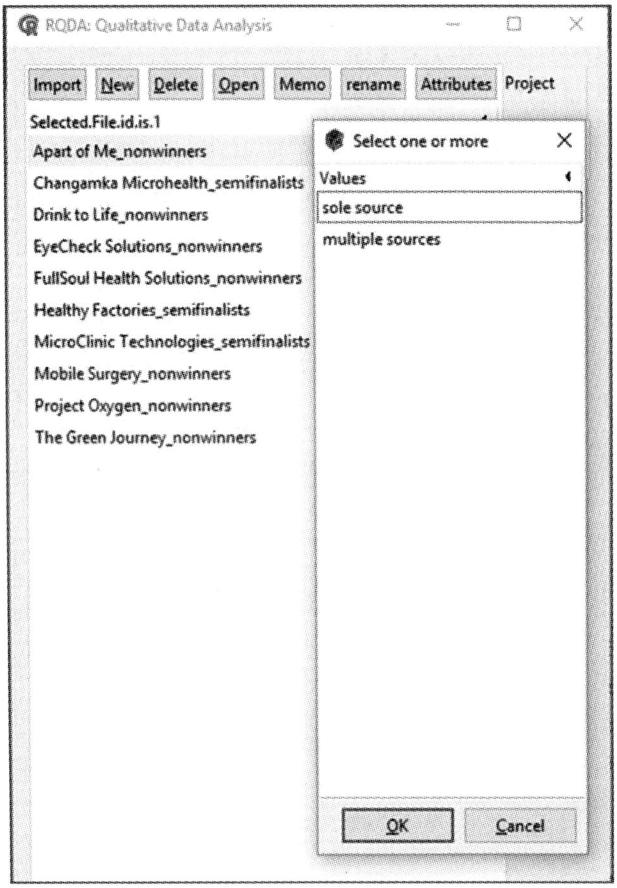


图 9-17 在 RQDA 中将文件添加到文件类别中的第二种方法

如果用户想将一批文件添加到一个文件类别中，按照上面讨论的第一种方法操作会更方便。在所有步骤都成功执行后，添加的文件就会出现在文件类别菜单中的不同类别下，如图 9-18 所示。例如，图 9-18 显示爱创家文件类别由 7 个项目组成（从“为生活干杯”到“绿色之旅”)。

用户可以使用关键字在单个文件类别中查找特定文件。在文件类别菜单下，只需在 Selected. file. id. is. XX 部分下的空白处单击右键，选择“在文件类别中查找文件”(Search Files Within Categories)，在弹出的窗口中输入关键字即可开始查找。例如，如果我们想查找包含关键字“创新”(innovation)的社会创新项目文件，在弹出的窗口中输入 file like'%innovation%'即可（见图 9-19)。

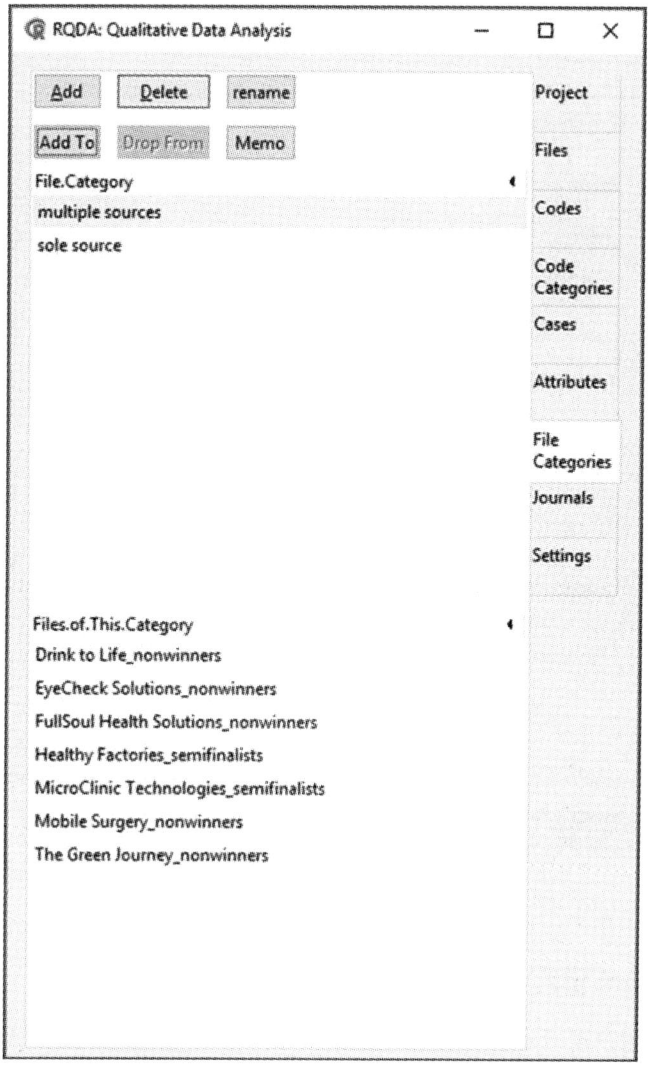


图 9-18　在 RQDA 中查看文件类别下的文件

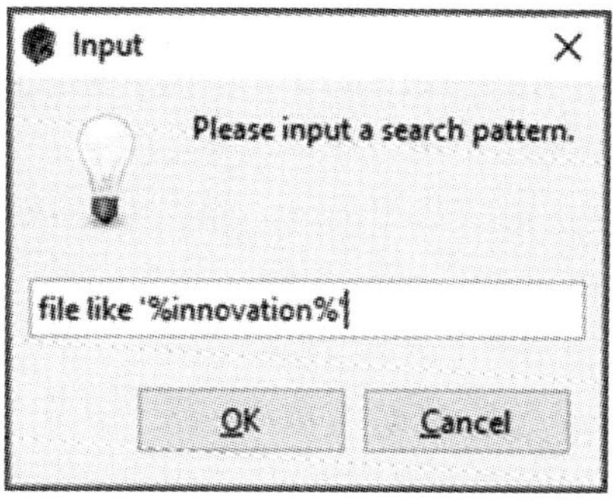


图 9-19　使用关键字在文件类别中查找文件

单击“OK”后，我们可以看到只有 4 个文件在这个类别中，这意味着只有这 4 个文件包含关键字“创新”(见图 9－20)。

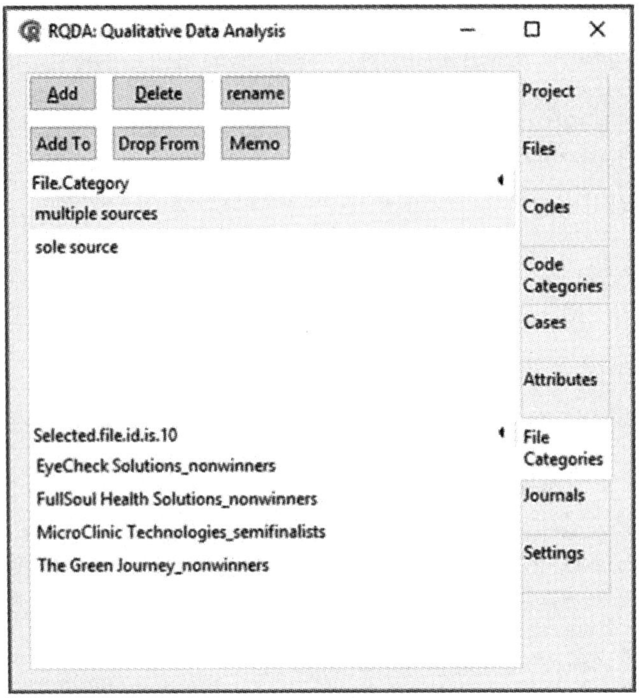


图 9－20 在 RQDA 中查看含有关键字“创新”的文件

## 9.4 编写备忘录与日志

用户可以通过使用备忘录和日志（journal）工具记录他们在编码过程中的思考和重要想法、决定或行动。这些工具帮助研究者组织数据并记录重要的代码或关于编码的问题，从而促进数据聚合和/或理论构建过程，特别是，RQDA 允许用户创建不同层次的备忘录。例如，用户只需单击项目菜单中的“项目备忘录”（Project Memo）按钮，输入备忘录内容并单击窗口顶部的保存备忘录按钮，就可以为整个项目创建一个总的备忘录（见图 9－21）。研究者也可以给特定一项添加备忘录，例如单个代码、文件、文件类别和案例。

日志功能允许用户在编码过程中记录他们的想法（例如，社会创新项目＃1“除了我”在新产品和新的商业模式方面非常具有创新性；项目＃2 Changamka 是不寻常的，因为它不具备通常在社会创新中出现的 A，B 和 C 要素)。创建新日志与创建新的案例或文件类别类似：用户只需点击日志菜单中的“添加”按钮，就会出现一个新的输入窗口（见图 9－22)。

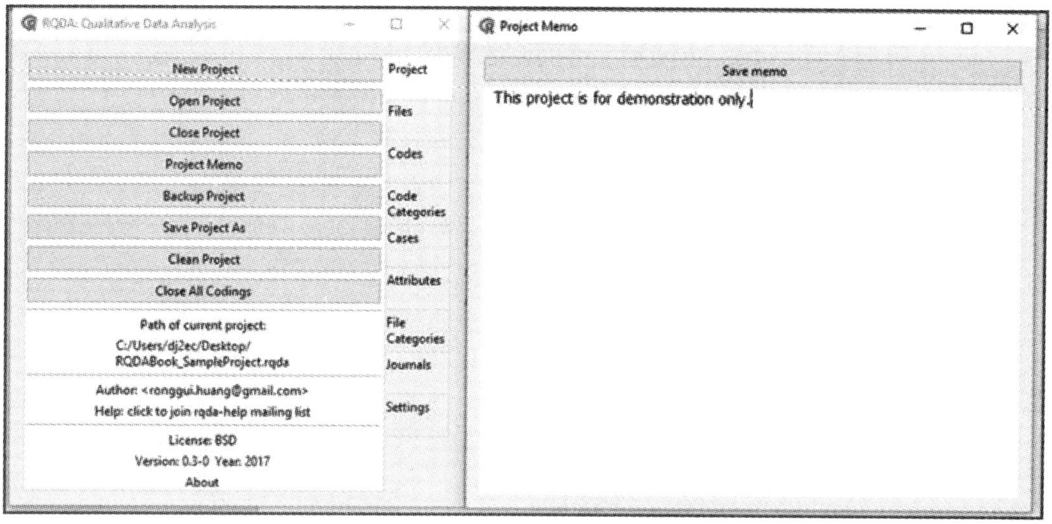


图 9-21 在 RQDA 中为项目添加备忘录

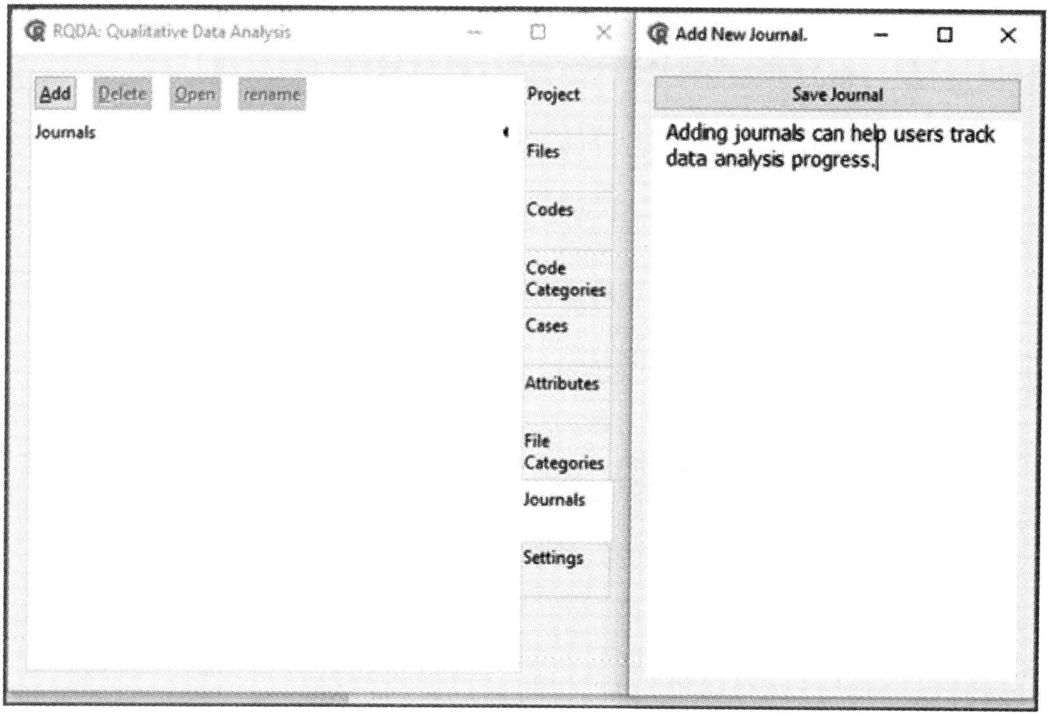


图 9-22 在 RQDA 中创建日志

日志在管理大规模的质性研究项目时非常有用。例如，如果你有数百甚至数千份案例文件，需要在很长一段时间内（可能长达数月）进行编码，因此，记录你的想法、疑问和困难的日志可以帮助你解决可能遇到的不同问题。通过使用日志功能，用户可以写下项目的进度信息（例如，“截止到这个日期和时间，我编码到这里，还没有完成 X，Y 和 Z”），这样当继续进行项目工作时，日志可以帮助跟踪项目进度，或者处理遇到或预期的问题，或者在分析数据的方法上做出改变。RQDA 还在日志菜单中显示每个日志的创建时间，使日志管理更有序、高效。

日志功能与备忘录功能的区别在于在日志功能下添加注释没有数量限制。用户可以将备忘录或日志添加到案例、代码或者项目中，在每个类别的对象中只能添加一个备忘录，但可以添加任意数量的日志。例如，用户可以创建不同的日志条目来记录数据分析过程（见图 9－23）。

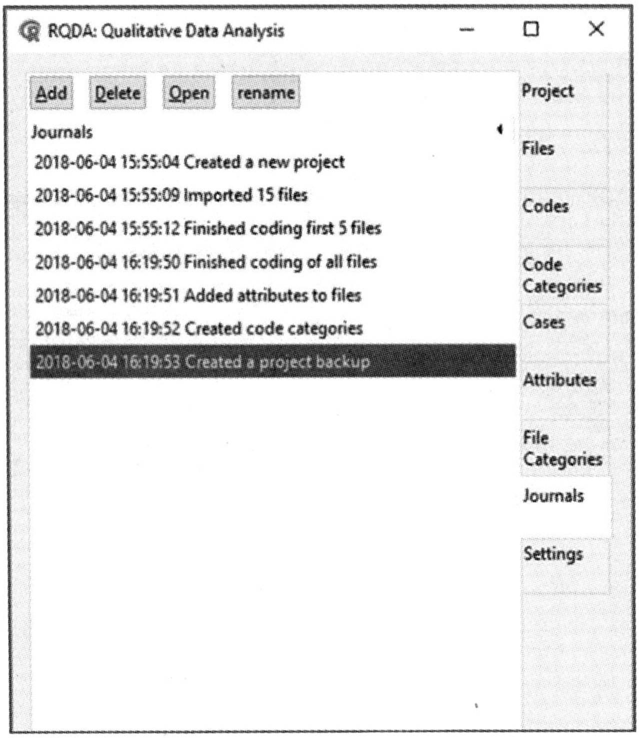


图 9－23　RQDA 中的多个日志条目

# 第 10 章 代码聚合、绘制与导出

**摘要**

完成编码过程后，下一步是整理代码。本章介绍了如何在 RQDA 中聚合代码、以二维网络格式绘制代码以及通过 HTML 文件导出绘制的网络，方便和合作者、把关人分享。

**关键词**

代码聚合　代码类别　绘制　导出　二维网络

## 10.1 聚合和绘制代码类别

在对导入 RQDA 的所有文本数据进行一阶编码（或开放编码）后，可以将一阶代码抽象或合并为更高的代码类别（或二阶主题），以促进建立扎根理论过程，此过程在代码类别菜单中完成。将一阶代码聚合为二阶代码或主题（或轴向编码）是一个重要的步骤，因为研究者不仅开始根据许多一阶代码类别之间的相似性和差异性坚定地分配代码标签，还试图确定一阶和二阶概念之间的关系（例如，一阶代码“开发_低成本_生育_设备”和“创造_平价_视力_诊断_工具”可以抽象成“提高医疗的可负担性”作为二阶主题）(Gioia et al.，2013；Strauss and Corbin，1998；Tracey et al.，2011)。这个过程基本上是迭代的，用户可以反复修改一阶代码及其相关的二阶主题分配。要创建一个由多个一阶代码组成的二阶主题，用户必须点击代码类别菜单下的“添加”按钮，并为新的代码类别输入一个名称（见图 10-1）。

代码类别的功能与文件类别类似。用户可以将代码归类到代码类别中，作为二阶主题。当完成对二阶主题的编码聚合后，需要对聚合后的二阶代码或主题进行复核，并探讨它们之间的潜在关系。例如，对于示例项目“创造更多健康：共同创造更健康的世界”，我们确定了四个与新产品研发相关的一阶代码：(1)“开发追踪商品库存的健康管理信息软件”；(2)“开发具有客观性、快速性和流动性的视力保健工具”；(3)“开发基于现场的健康教育项目”；(4)“开发天然强化食品，预防营养不良和肥胖”。然后，我们在代码类别菜单中创建一个二阶代码类别“新产品开发”(New products development) 来代表和总结四个一阶代码，如图 10-2 所示。

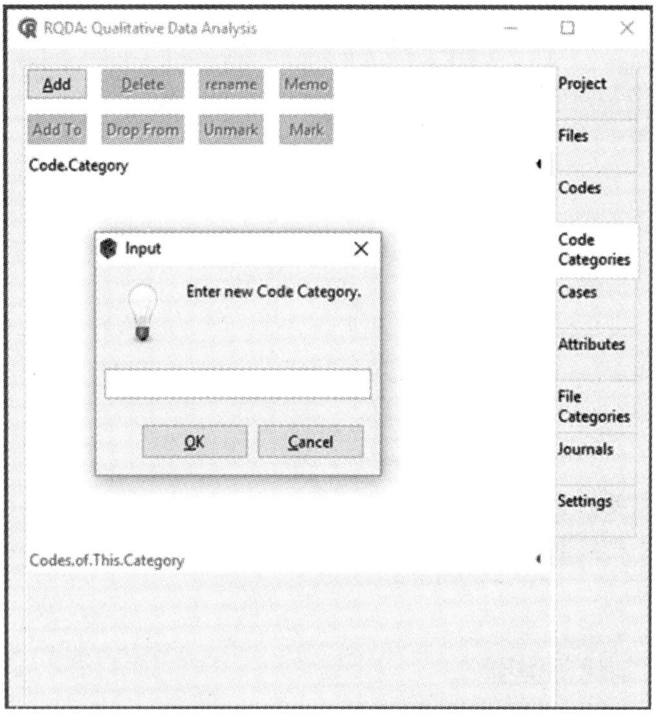


图 10-1 在 RQDA 中添加代码类别

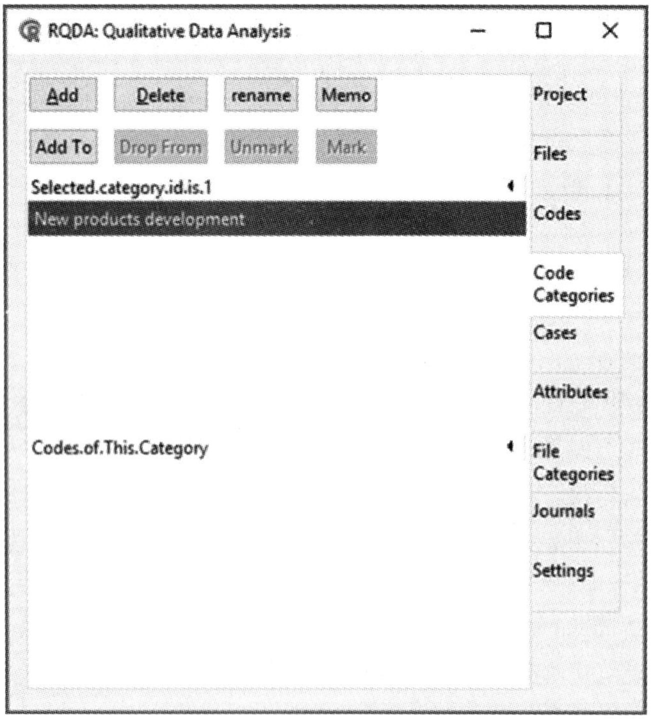


图 10-2 RQDA 中的一个代码类别

接下来，我们只需点击顶部菜单中的“添加到”（Add To）按钮，并从弹出的窗口中选择要添加的代码；就可以将四个一阶代码（上一段提到的）添加到“新产品开发”类别中（见图 10-3）。

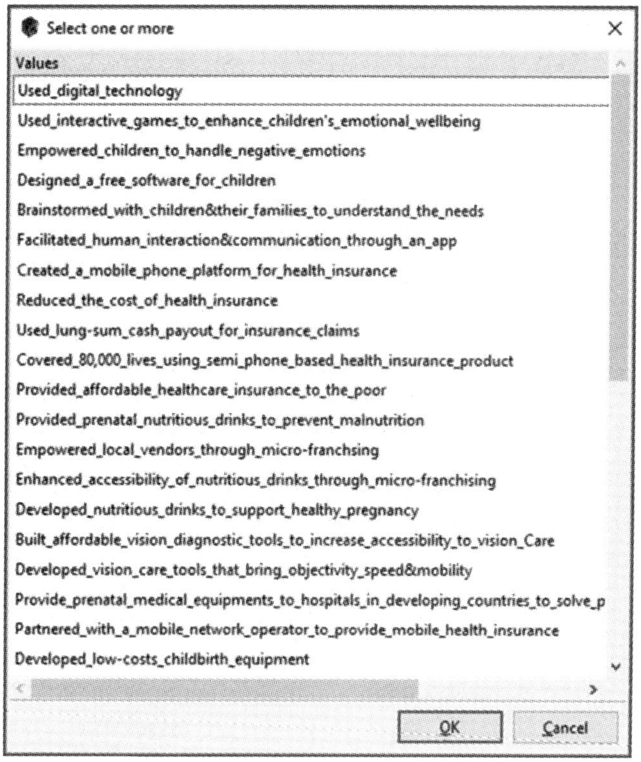


**图 10-3　在 RQDA 的一个代码类别中添加代码**

在二阶主题（或二阶代码类别）中添加新的一阶代码后，可以在代码类别菜单中点击查看该二阶主题。弹窗中将展示从属于该类别的一阶代码（见图 10-4）。

在 RQDA 中，用户可以在代码类别菜单中直接创建新的一阶代码并把它添加到选定的二阶主题中。只需右键点击选中的（二阶主题）类别，在新的弹出菜单中选择“添加新代码到所选类”（Add New Code to Selected Category）。接下来，在弹出的文本输入窗口中输入新的二阶代码，如图 10-5 所示。

要检索和查看二阶主题类别的所有代码，可在所选代码类别上单击鼠标右键，在弹出的菜单中选择“所选类别的代码”（Codings of selected category），然后会出现一个新的窗口，显示与该代码类别相关的所有代码（见图 10-6）。

代码聚合完成后，用户可以将代码结果绘制成二维网络输出。这个过程会产生网络形式的节点和箭头，其中每个节点代表一个一阶代码，与网络中央的二阶代码相连。输出可以使用各种网络类型模板（如 Fruchterman-Reingold 或 Kamada-Kawai 布局）来优化输出结果，得到更具观赏性的形式。用户可以

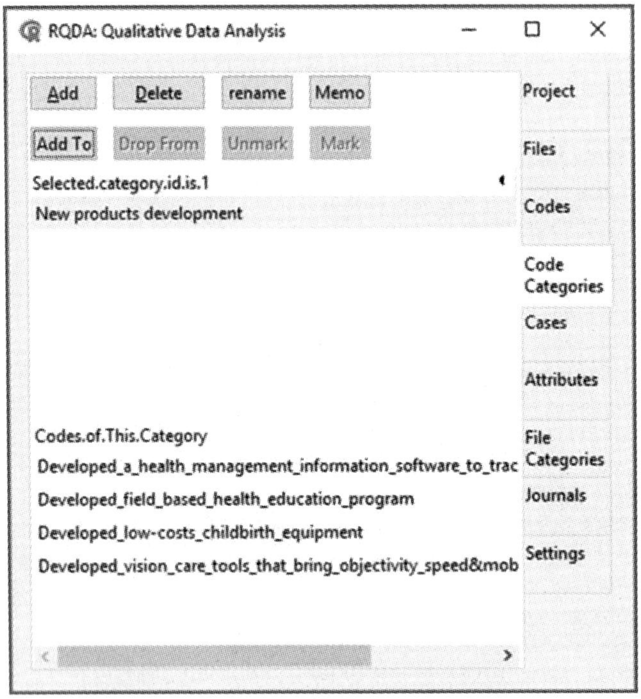


图 10-4　查看 RQDA 代码类别中的所有代码

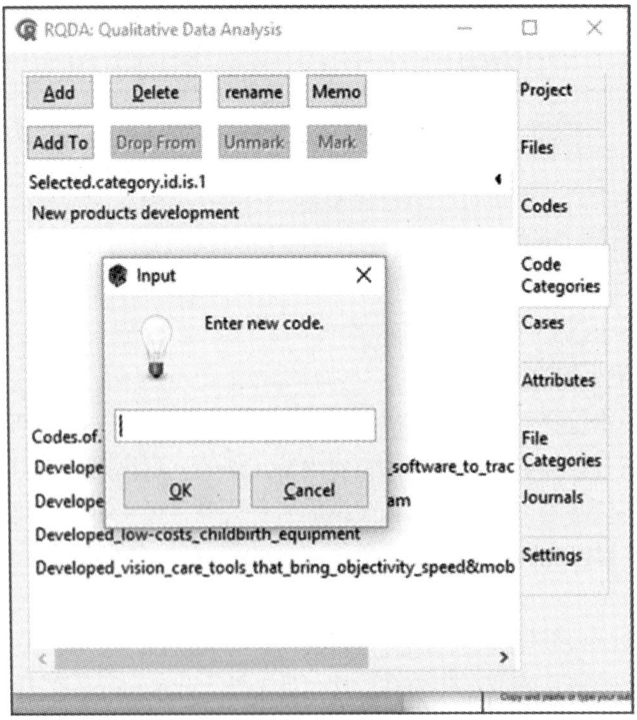


图 10-5　在 RQDA 的选定代码类别中添加新代码

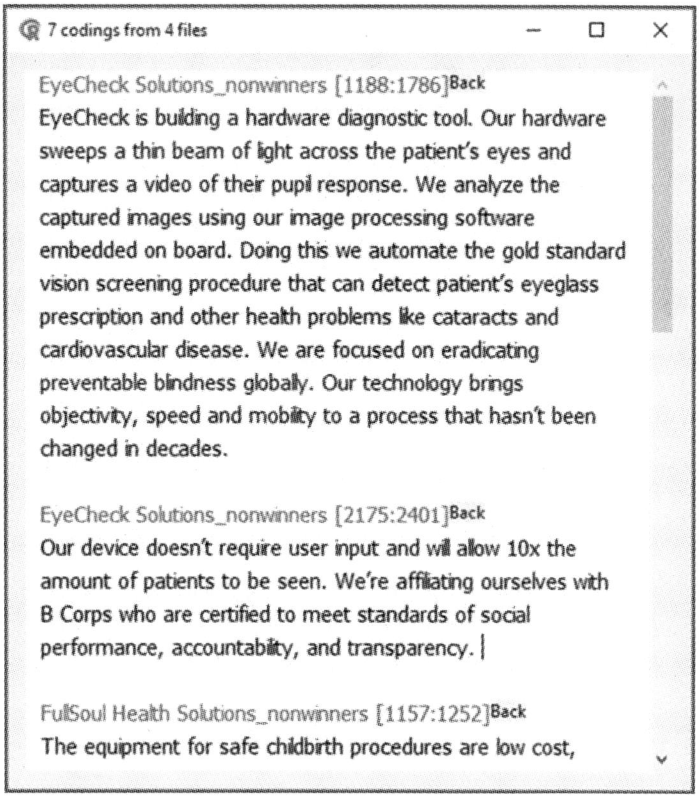


**图 10-6** 在 RQDA 中查看一个代码类别下的所有代码

右击所选的分类并选择绘制所选代码类别，从代码类别菜单中绘制所有二阶主题。如果选择绘制所选代码类别，将弹出一个新的对话框，显示选定的代码类别关系。

一阶代码可能会聚合到一个以上的二阶代码类别中（对每个文本片段编码为多个代码），这种关系也会显示在绘图中（见图 10－7）。该图显示，例如，一个名为“给患者赋能”（Empowering patients）的二阶主题由四个一阶代码组成：“增强儿童处理负面情绪的能力”“为患者组建同伴支持小组”“利用互动游戏增强儿童的心理幸福感”“通过应用程序促进人与人之间的互动和交流”（见图 10－7 底部的代码）。

上述图的布局可以通过布局（Layout）菜单调整优化。用户可以在视图（View）菜单中拖动一阶代码节点和二阶代码类别节点来调整它们的位置，以及围绕原点以不同的度数旋转（例如，顺时针和逆时针旋转 15 度、45 度和 90 度）以更好地查看绘制的图。除了绘制所有的一阶代码外，也可以只绘制其中的一部分，只选择几个你想绘制的二阶代码，以便更好地查看它们与各自的一阶代码的关系。例如，在示例项目中，希望看到两个二阶代码“使用信息通信技术”（Using information communication technology）和“提高医疗的可负担性”（Increasing healthcare affordability）之间的联系，因此我们在代码类别菜

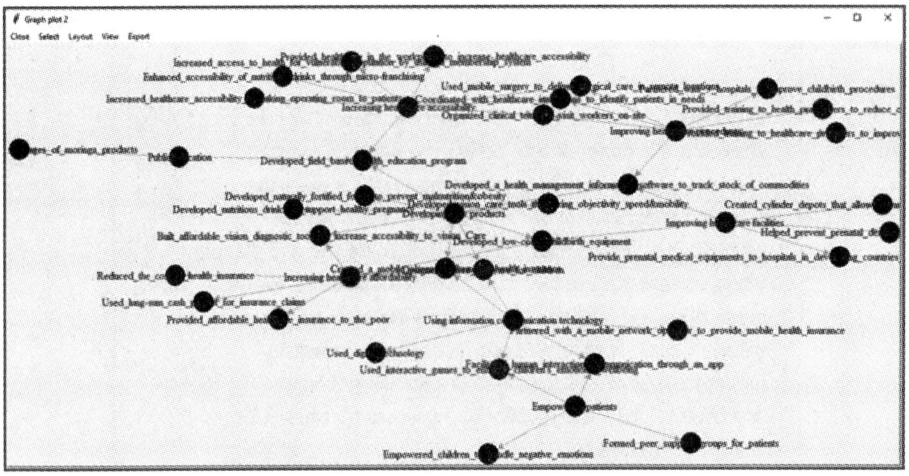


图 10－7　在 RQDA 中绘制所有代码类别

单中选择这两个二阶代码并绘制输出结果（见图 10－8）。从图中可以看出，上述二阶代码类别通过“设计＿一款＿免费＿软件＿面向＿儿童”（Designed＿a＿free＿software＿for＿children）和“创建＿一个＿移动＿电话＿平台＿关于＿健康＿保险”（Created＿a＿mobile＿phone＿platform＿for＿health＿insurance）相连。这样的联系可以引导人们进一步探讨技术的发展如何提高医疗的可负担性。

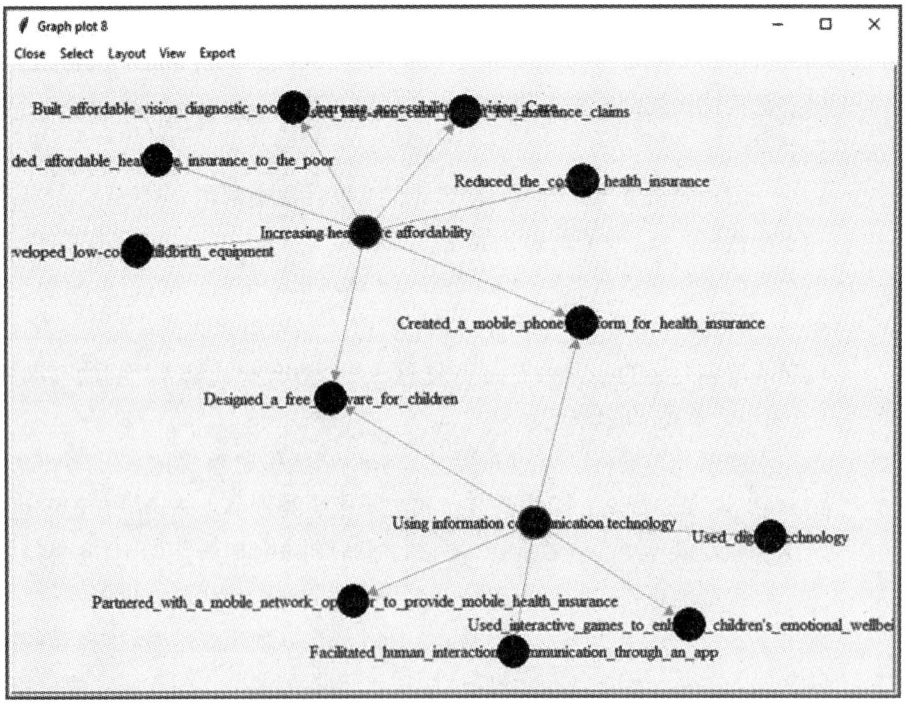


图 10－8　在 RQDA 中绘制选定代码类别

除此之外，用户还可使用 d3（d3 是一个 JavaScript 库，可以以 HTML，SVG，CSS 形式可视化数据）绘制二阶代码图像。使用 d3 时，用户只需选定需要可视化的代码类别，右键选择“使用 d3 绘制选定的代码类别关系图”(Plot Selected Code Categories with d3)，即可将可视化关系图导出为 HTML 文件（见图 10－9）。

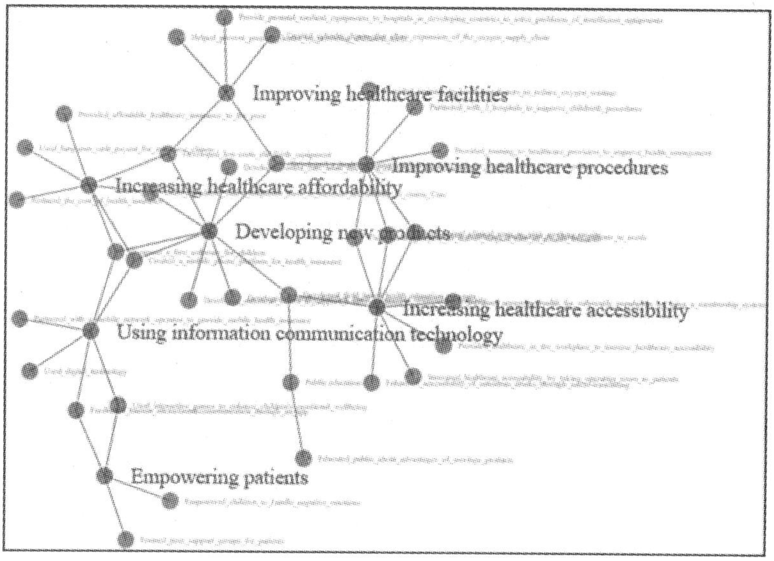


图 10－9　在 RQDA 中使用 d3 绘制代码类别

可以通过点击代码（一阶代码）或代码类别（二阶主题）来突出显示它们。选定的代码或代码类别及其节点将以红色突出显示。

目前，RQDA 只能建立一阶代码与二阶主题的一级对应关系。RQDA 开发者黄荣贵指出，最初开发 RQDA 的目的是简化概念结构，让结果展示更为清晰（Huang，2014），因此 RQDA 并未提供展示概念多个层级关系的细致化的树状类别结构。然而，在过程模型或扎根理论研究中，显示基础理论是如何产生的，往往需要创造层级概念和更高层次的类别。对于小型数据量的案例，RQDA 的可视化很整洁，但是，面对大型数据量的项目涉及几十个或更多的案例，以及大量的文本数据文件，上述可视化方法得到的结果就会显得相当混乱。用户可以创造性地将一阶代码和二阶主题类别导出，用电子表格（例如 Excel）迭代整理所有代码，构建出聚合理论维度。

## 10.2　资料导出

### 10.2.1　导出文件和案例属性

在 RQDA 中，用户可以导出文件和案例属性，以方便后续的质性分析。要导出文件属性，在文件菜单的空白处单击右键，然后从新弹出的菜单中选择

“导出文件属性”（Export File Attributes）（见图 10 - 10）。

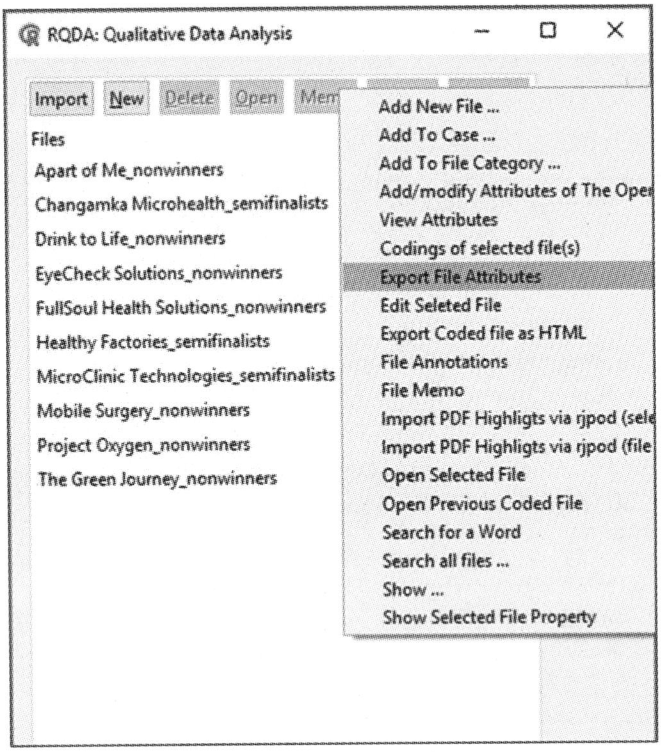


图 10 - 10　在 RQDA 中导出文件属性

将出现一个新的输入窗口，为导出的文件输入一个名称。导出的属性将保存在一个新的 Excel 文件中，如图 10 - 11 所示。

| | A | B | C | D | E | F |
|---|---|---|---|---|---|---|
| 1 | fileID | file | Competition Results | Organization Type | Project Stage | |
| 2 | 1 | Apart of Me_nonwinners | 0 | 3 | 1 | |
| 3 | 2 | Changamka Microhealth_semifinalists | 1 | 1 | 2 | |
| 4 | 3 | Drink to Life_nonwinners | 0 | 1 | 0 | |
| 5 | 4 | EyeCheck Solutions_nonwinners | 0 | 1 | 1 | |
| 6 | 5 | FullSoul Health Solutions_nonwinners | 0 | 3 | 1 | |
| 7 | 6 | Healthy Factories_semifinalists | 1 | 0 | 2 | |
| 8 | 7 | MicroClinic Technologies_semifinalists | 1 | 1 | 4 | |
| 9 | 8 | Mobile Surgery_nonwinners | 0 | 2 | 3 | |
| 10 | 9 | Project Oxygen_nonwinners | 0 | 3 | 2 | |
| 11 | 10 | The Green Journey_nonwinners | 0 | 3 | 2 | |
| 12 | | | | | | |
| 13 | | | | | | |

图 10 - 11　导出的文件属性

同样，也可以通过右键点击案例菜单中的空白处，用相同的步骤导出案例属性。

### 10.2.2　导出编码文件与合作者和把关人共享

除了导出属性，在 RQDA 中，还可以通过右键单击选定的编码文件，然后选择“导出编码文件为 HTML”（Export Coded file as HTML），以便与合作者和把关人共享。输入新文件名后将创建一个新的 HTML 文件，显示各个文件的所有代码和编码文本（见图 10－12）。

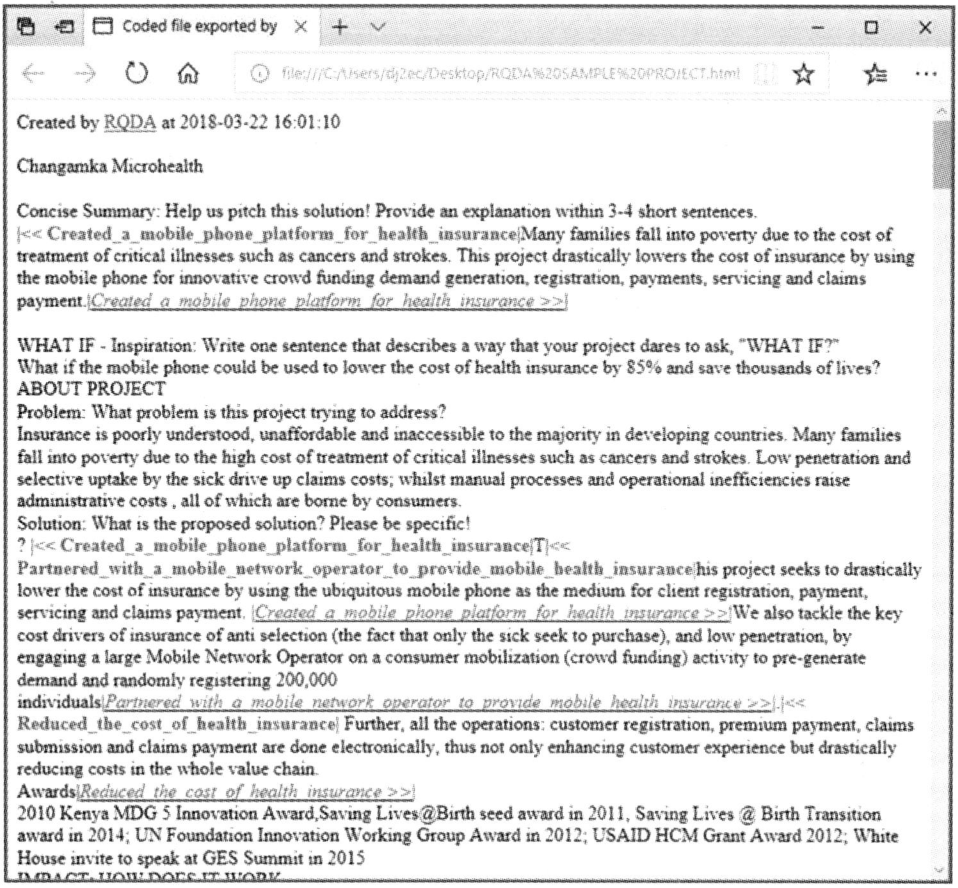


图 10－12　在 RQDA 中导出编码文件

### 10.2.3　导出完成的代码

对质性数据进行编码的手动方法（不使用计算机资源进行数据分析）的局限性之一是无法证明研究者在编码和编码过程背后的决策的透明度。为了提高透明度和可信度，RQDA 使用户能够将项目中所有已完成的代码导出到一个 HTML 文件中，然后通过电子邮件或发布到在线数据平台（例如，Harvard DataVerse 或 GitHub）与合作者和期刊审稿人共享。可以这样操作：通过右键单击代码菜单中的空白处，选择“导出代码为 HTML”（Export Codings as HTML），导出所有的 RQDA 代码。将出现一个新的弹出窗口，可以选择全部或部分的代码进行导出。按照这些步骤，将在目标位置创建一个新的 HTML 文件（见图 10－13）。

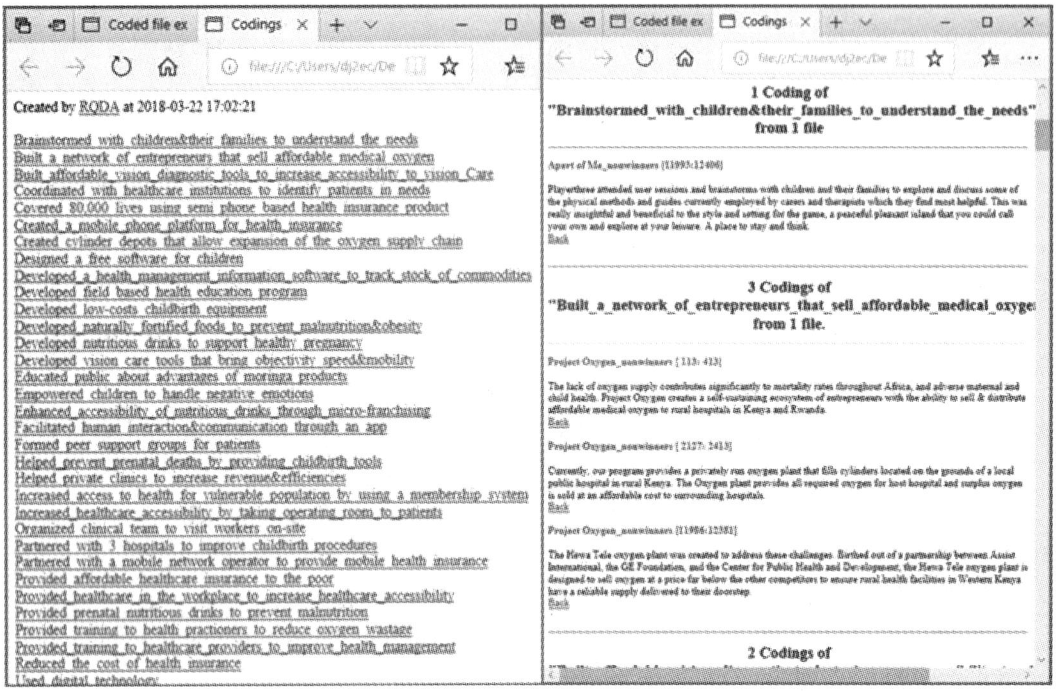


图 10－13　导出代码为 HTML 格式

生成的 HTML 文件显示了导出的一阶代码列表（左屏）和每个一阶代码对应的文本（右屏）。如果你有大量的代码（例如，＞100），如本示例中所包含的代码，可以从 HTML 文件中选择任何或所有的代码，将其复制和粘贴到 Excel（或其他应用程序）文件中，以执行进一步的分析或数据聚合（例如，将所有二阶主题抽象到更高的维度，即聚合维度）。

## 参考文献


Gioia, D. A., Corley, K. G., & Hamilton, A. L. (2013). Seeking qualitative rigor in inductive research: Notes on the Gioia methodology. *Organizational Research Methods, 16*(1), 15–31.

Huang, R. (2014). RQDA: R-based qualitative data analysis. *R package version 0.2–7*. Retrieved on 18 April 2018, from, http://rqda.r-forge.r-project.org

Strauss, A., & Corbin, J. (1998). *Basics of qualitative research: Procedures and techniques for developing grounded theory*. Thousand Oaks: Sage.

Tracey, P., Phillips, N., & Jarvis, O. (2011). Bridging institutional entrepreneurship and the creation of new organizational forms: A multilevel model. *Organization Science, 22*(1), 60–80.

# 第 11 章
# 扎根理论的构造

**摘要**

本章讨论了将编码的数据转化为数据结构的方法——将一阶代码、二阶主题和理论维度都聚合起来——以及如何将它们重构为一个扎根理论的模型或框架，作为质性研究的最终输出。

**关键词**

扎根理论　数据结构　理论维度　一阶代码　二阶主题　扎根过程模型

## 11.1 构建聚合理论维度

正如前文讨论的，到 2018 年 4 月，RQDA 只允许用户创建两个代码层次结构，从一阶代码到二阶主题，以此来保证数据聚合过程简明易懂。然而，正如示例项目所展示的，在 RQDA 中有太多代码（>100 个词组或概念）时，绘制的代码图可能看起来非常混乱。（注：用户可以将 RQDA 生成的文件导出到 SPSS 或 R 程序等软件中进行进一步的统计分析。）为了实现聚合到三阶代码（构建聚合理论维度），我们复制所有一阶代码和二阶主题，粘贴到电子表格（如 Excel）中，然后基于它们的相同点和不同点，重组编码序列（Gioia et al.，2013），如表 11－1 所示。

如表 11－1 所示，我们使用相近的颜色来突出显示符合特定二阶主题的一阶代码，并使用不同颜色来表示分配到其他二阶主题的一阶代码。最后，基于所有创建出来的二阶主题，我们开发了三阶或聚合理论维度类别。在这个聚合过程中，我们在一阶代码、二阶主题、聚合维度和文献/理论之间来来回回，可从数据中发现、生成或定位新概念。这种方法使研究者能够创建多阶的类别结构，从而使读者和把关人更容易理解和跟踪研究者是如何让信息提供者的言语证据与假设的概念和理论联系起来的。例如，我们观察到，社会创新项目的伙伴关系策略各不相同，但可以归纳为两个二阶主题：与医疗机构合作和与商业公司合作。因此，我们将各类伙伴关系策略合并为一种，即与跨部门组织合作（Partnering with Cross-sectoral Organizations）（见表 11－1）。

**表 11-1 使用 Excel 对焦亚的数据结构进行颜色分类**

| 一阶代码 | 二阶主题 | 三阶类别 |
|---|---|---|
| Designed _ a _ free _ software _ for _ children | Provided affordable healthcare services<br>(提供可负担的医疗服务) | Improving healthcare affordability<br>(提高医疗的可负担性) |
| Built _ a _ network _ of _ entrepreneurs _ that _ sell _ affordable _ medical _ oxygen<br>Built _ affordable _ vision _ diagnostic _ tools _ to _ increase _ accessibility _ to _ vision _ Care<br>Developed _ low-costs _ childbirth _ equipment | Provided affordable healthcare products<br>(提供可负担的医疗产品) | |
| Created _ a _ mobile _ phone _ platform _ for _ health _ insurance<br>Covered _ 80 000 _ lives _ using _ semi _ phone _ based _ health _ insurance _ product<br>Provided _ affordable _ healthcare _ insurance _ to _ the _ poor<br>Reduced _ the _ cost _ of _ health _ insurance<br>Used _ lung-sum _ cash _ payout _ for _ insurance _ claims | Developed affordable health insurance<br>(开发可负担的医疗保险) | |
| Increased _ access _ to _ health _ for _ vulnerable _ population _ by _ using _ a _ membership _ system | Developed a healthcare membership system<br>(发展医疗会员制度) | |
| Designed _ a _ free _ software _ for _ children<br>Partnered _ with _ a _ mobile _ network _ operator _ to _ provide _ mobile _ health _ insurance<br>Used _ interactive _ games _ to _ enhance _ children's _ emotional _ well-being<br>Facilitated _ human _ interaction&communication _ through _ an _ app | Use of Information Communication Technology<br>(使用信息通信技术) | Improving healthcare accessibility<br>(提高医疗的可得性) |
| Provided _ healthcare _ in _ the _ workplace _ to _ increase _ healthcare _ accessibility<br>Organized _ clinical _ team _ to _ visit _ workers _ on-site<br>Increased _ healthcare _ accessibility _ by _ taking _ operating _ room _ t o _ patients<br>Brainstormed _ with _ children&their _ families _ to _ understand _ the _ needs | Approached patients actively<br>(积极走近患者) | |
| Used _ mobile _ surgery _ to _ deliver _ surgical _ care _ in _ remote _ locations<br>Organized _ clinical _ team _ to _ visit _ workers _ on-site<br>Provided _ healthcare _ in _ the _ workplace _ to _ increase _ healthcare _ accessibility | Delivered healthcare services in remote areas<br>(在偏远地区提供医疗服务) | |
| Provided _ training _ to _ health _ practioners _ to _ reduce _ oxygen _ wa stage<br>Provided _ training _ to _ healthcare _ providers _ to _ improve _ health _ management | Provided training to healthcare providers<br>(为医护人员提供培训) | Improving healthcare procedure<br>(改进医疗程序) |
| Used _ mobile _ surgery _ to _ deliver _ surgical _ care _ in _ remote _ locations<br>Organized _ clinical _ team _ to _ visit _ workers _ on-site<br>Provided _ healthcare _ in _ the _ workplace _ to _ increase _ healthcare _ accessibility | Delivered healthcare services in remote areas<br>(在偏远地区提供医疗服务) | |

续表

| 一阶代码 | 二阶主题 | 三阶类别 |
| --- | --- | --- |
| Developed _ field _ based _ health _ education _ program<br>Educated _ public _ about _ advantages _ of _ moringa _ products | Provided public healthcare education（提供公共医疗教育） | Empowering patients（给患者赋能） |
| Formed _ peer _ support _ groups _ for _ patients | Provided peer support（为患者提供同伴支持） | |
| Facilitated _ human _ interaction&communication _ through _ an _ app<br>Used _ interactive _ games _ to _ enhance _ children′s _ emotional _ well-being<br>Empowered _ children _ to _ handle _ negative _ emotions | Empowered patients to enhance emotional well-being（增强患者的情绪管理能力） | |
| Coordinated _ with _ healthcare _ institutions _ to _ identify _ patients _ in _ needs<br>Helped _ private _ clinics _ to _ increase _ revenue&efficiencies<br>Partnered _ with _ 3 _ hospitals _ to _ improve _ childbirth _ procedures<br>Provided _ training _ to _ health _ practioners _ to _ reduce _ oxygen _ wastage<br>Provided _ training _ to _ healthcare _ providers _ to _ improve _ health _ management | Partnered with healthcare institutions（与医疗机构合作） | Partnering with Cross-sector Organizations（与跨部门组织合作） |
| Partnered _ with _ a _ mobile _ network _ operator _ to _ provide _ mobile _ health _ insurance | Partnered with business companies（与商业公司合作） | |

如示例项目所示（见表 11－1），我们将 38 个一阶代码聚合成 14 个二阶主题，最后聚合为以下五个总体理论维度：（1）提高医疗的可负担性（improving healthcare affordability）；（2）提高医疗的可得性（improving healthcare accessibility）；（3）改进医疗程序（improving healthcare procedure）；（4）给患者赋能（empowering patients）；（5）与跨部门组织合作（partnering with cross-sector organizations）。另外，用户也可以使用 Microsoft Visio 等软件绘制数据结构（见图 11－1）。

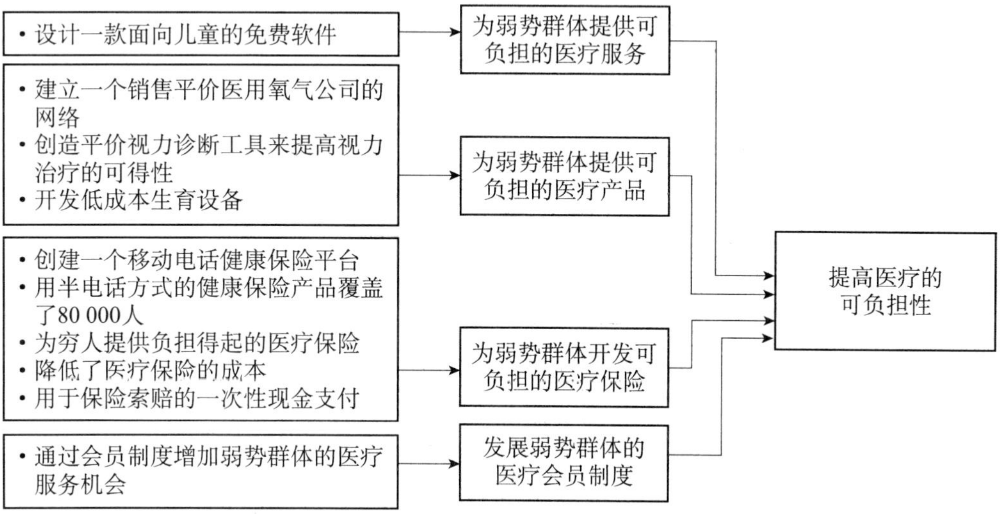


图 11－1　示例项目的数据结构（使用 Visio 绘制）

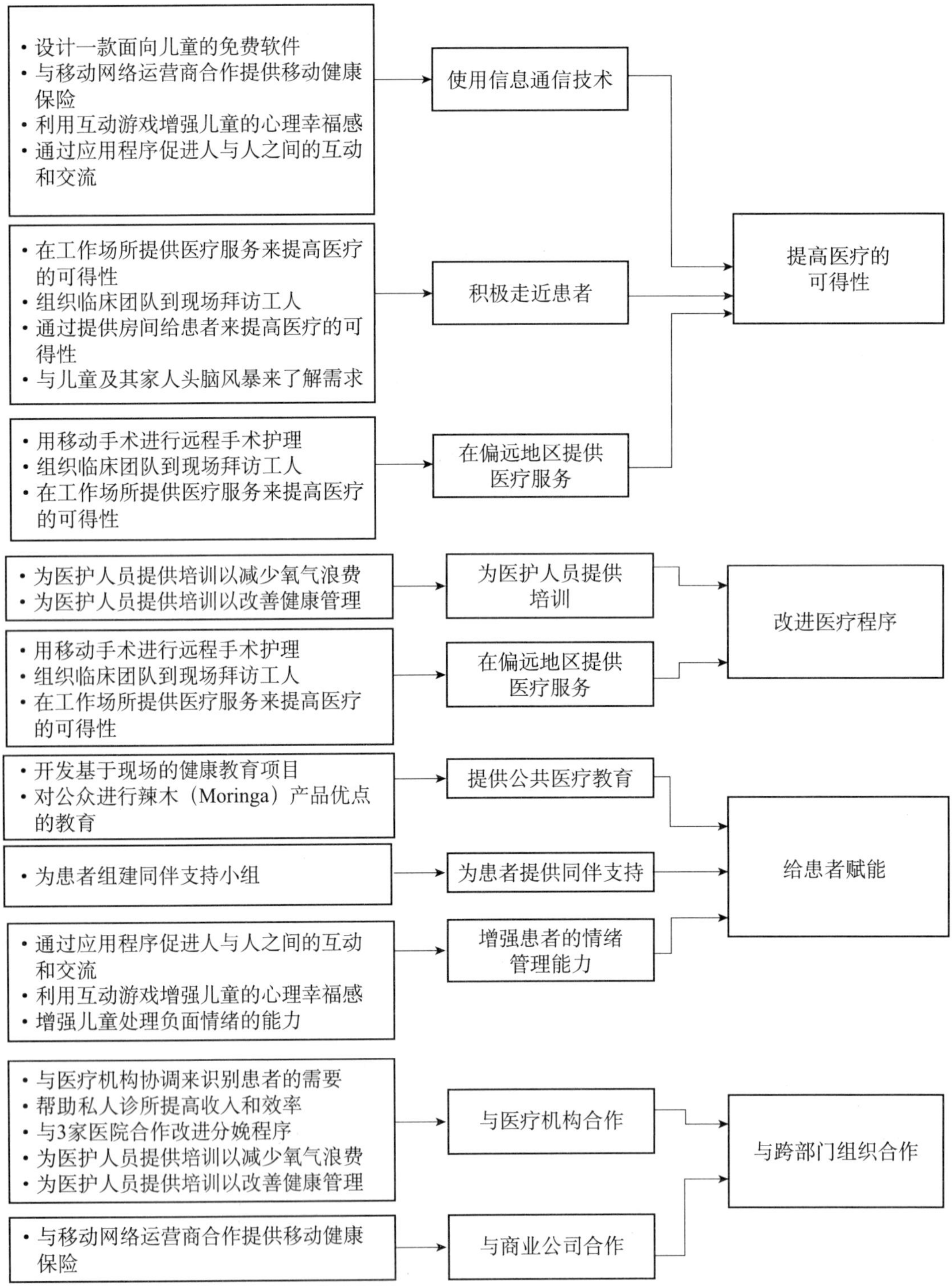


**图 11-1** （续）

为了理解社会创新项目如何促进社会变化，我们建立了一个扎根过程模型，以描述社会创新项目使用的策略与结果之间的相互关系（见图 11-2）。

基于这些代码，我们发现社会创新者解决社会问题的策略可以从三个角度来解释：市场导向、人本导向和制度导向。通过采取这些策略，社会创新者已经取得立竿见影的社会成果，如更高的医疗保险覆盖率、农村地区获得更多医疗服务的机会、公共卫生意识提高，最终改善了目标受益人的健康指标。

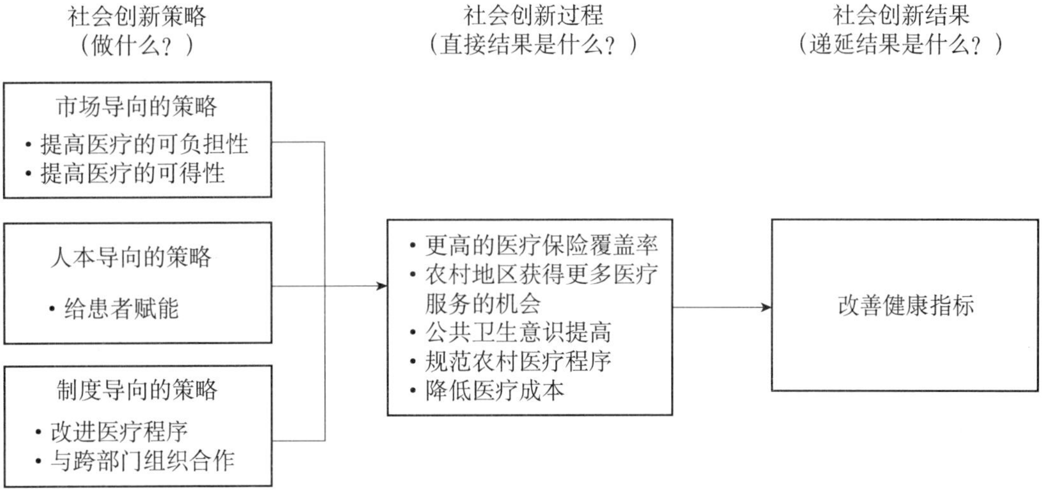


**图 11－2**　在医疗领域社会创新的扎根过程模型

正如焦亚等（2013）说明的，上述编码聚合过程是迭代的（而不是线性的）。以上展示的为什么和如何得到（现有的和新的）概念的过程提高了质性研究的透明度和可信度，并促进了合作者、期刊审稿人和编辑之间的沟通。

## 11.2　用 R 语言进行高级分析

RQDA 的一个强大功能是，它使研究者能够通过在 R 中输入语法，对编码的数据进行复杂查询（如布尔搜索）。RQDA 还可以与 R 中的文本挖掘包 tm 相结合，进行文本挖掘。该功能可以帮助质性研究者进一步管理数据，从而在一个平台上进行多方法研究，因此，它能满足不同用户和项目类型的需求。用户可以根据以下语法样本在 R 中执行一些简单的查询和附加功能：http://www.inside-r.org/packages/cran/RQDA。

例如，用户如果想查看每个文件关联了哪些代码，可以在 R 中输入 filesByCodes()。然后在弹出窗口中选择代码，数据框就会出现在查找结果中（见图 11－3）。

用户也可以通过输入 summaryCodings() 来创建代码总结。这样，代码总结列表将详细列出每个代码的代码数、每个代码的平均字符数和每个代码的编码文件数等信息（见图 11－4）。

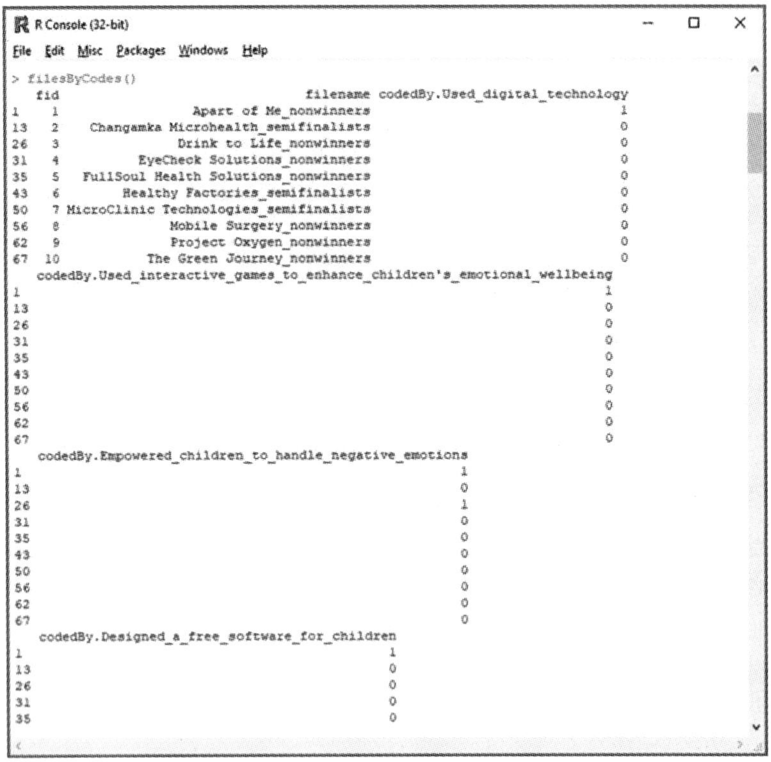


图 11-3　在 RQDA 中的代码的数据框架

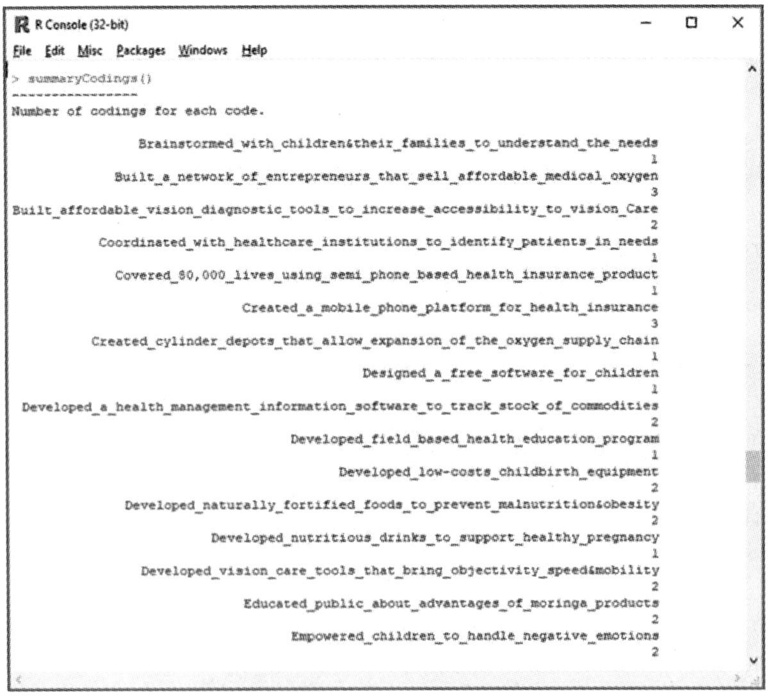


图 11-4　RQDA 中的代码总结

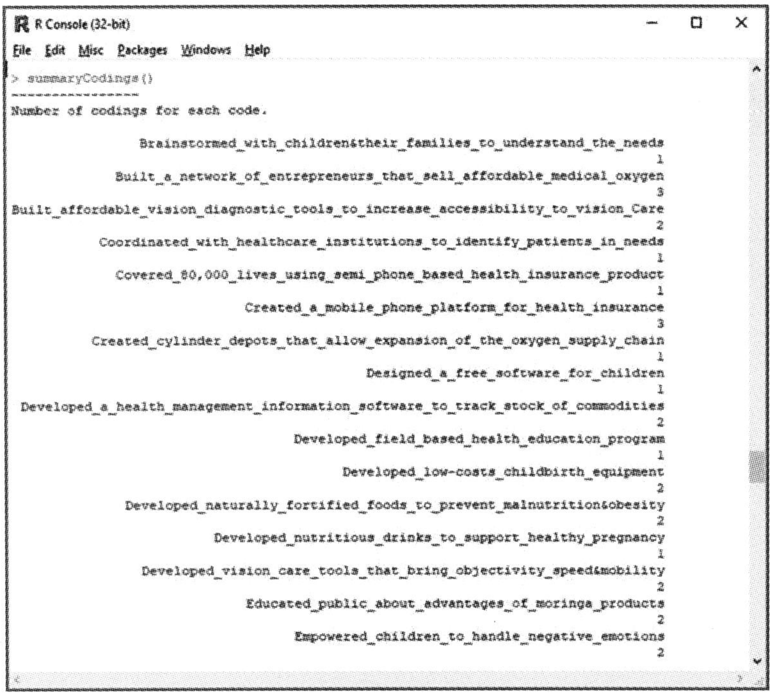


图 11-4　(续)

## 参考文献

Gioia, D. A., Corley, K. G., & Hamilton, A. L. (2013). Seeking qualitative rigor in inductive research: Notes on the Gioia methodology. *Organizational Research Methods, 16*(1), 15–31.

# 第 12 章
# 结 论

**摘要**

本书概述并讨论了质性研究的各种主流范式——焦亚方法、因-艾森哈特方法和兰利的方法，展示了 CAQDAS 特别是 RQDA 的能力，以扩展和丰富焦亚方法。与此同时，本书研究了 R 语言与焦亚方法的结合能够如何提高质性研究的可信度和严谨性，以及如何改善与研究者和把关人（期刊审稿人和编辑）之间的沟通。我们坚信这种系统的、透明的、可信的、有创造性的并且有秩序的质性理论方法可以帮助质性研究合法化，并使其能够与其他类型的研究，包括基于变量的、基于模拟的、基于实验的和基于数学的方法相提并论。

就以何种最佳方式进行质性研究达成共识可能会有些不切实际，这也超出了本书的范围，但是对每一种质性研究方法的优势和局限性的认识，将有助于研究者找到适合个人需要、目的以及所需数据类型和数量的适当方法。

本书展示了基于 R 的焦亚方法的应用——一个六步的过程。该方法不应该被视为一个僵化的过程，应该作为一个协助甚至启迪研究者的指南。本书之所以采用焦亚方法，是因为它很好地适应了我们使用的数据（采访记录、组织简介、新闻文章）、提出的问题的类型（为什么和如何，或过程问题）以及质性研究者希望做出的贡献的类型。我们认为本书所阐述的方法也可以应用于质性研究的因-艾森哈特方法（侧重于证实或反驳变量）和兰利方法（侧重于事件及其如何展开）。R 平台和 RQDA 只是工具，其效果在于使用者的理念和技能。

RQDA 工具的一个主要优势是它完全免费，是一个功能强大的 R 平台的扩展，R 平台提供了各种数据管理、计算和数据展示/可视化功能。作为一个免费的 CAQDAS 工具，RQDA 能够允许初级和高级研究者不用着急购置专用的（有时是昂贵的）文本数据分析程序软件。

RQDA 是基于 GUI 进行开发的，对于没有编程技能的新手研究者非常友好，很容易掌握并使用。举例来讲，第一次使用该工具的用户可以轻松复制粘贴本书中提供的语法命令体验和掌握 RQDA，因此，该工具的使用者可以不需要编程经验。在语言可用性方面，RQDA 支持英语和十多种非英语的文本材料，能够起到促进跨文化研究的作用。此外，RQDA 还得到了 SQLite 的支持，通过编写 R 语言编程语句，可以实现额外的数据管理功能。

RQDA 工具也有一些缺点。一个主要的缺点是它只支持纯文本文件（.txt），不支持音频、视频、表格、照片等非纯文本文件，这些文件在其他流行的质性研究工具如 NVivo 和 ATLAS. ti 中是被支持的。不过目前大多数的质性研究项目仍然专注于分析文本材料（尤其是访谈数据、组织的文件和新闻文章），因此，这个缺点并不构成质性研究的主要缺陷。另外，作为一个开源平台，RQDA 工具的开发者不会向用户提供任何技术支持。因此，希望在 CAQDAS 平台得到专业技术支持的用户可能会更加偏好 NVivo 和 ATLAS. ti。RQDA 新手可以与有经验的 RQDA 工具的用户沟通来了解 RQDA，除此之外，通过在线聊天论坛、演讲和大型会议上的“辅导项目”增加 RQDA 的有经验用户和新手用户之间的互动（如 RQDA 视频教程：https://www. youtube. com/watch? v＝mL-syGH3ztYY。R 开发者/用户论坛：Github，https://github. com/Ronggui/RQDA；Stack Overflow，https://stackoverflow. com/questions/43726838/rqda-cannot-load-rgtk2-so。R 相关博客，R 博客：https://www. r-bloggers. com/qualitative-text-analysis-in-r-with-rqda/）。本书填补了上述的“支持空白”，希望对读者有所指导和帮助。

最后，RQDA 允许用户通过免费提供的 R 包（你可以在 https://cran. r-project. org/web/packages/available _ packages _ by _ name. html 中找到一个 R 包列表）将质性和定量数据分析结合起来，从而实现混合方法研究。除此之外，RQDA 支持文本数据的内容分析研究（例如，政策文件、新闻文章以及其他在线、公开的文本数据，如脸书和推特上的帖子、博客）（Chandra et al.，2016；Perry and Bodkin，2000）。同时，RQDA 还可以与“词袋”软件组合，如语言查询和单词计数或 DICTION，将文本数据转化为数字进行统计分析（Chandra，2016；Short and Palmer，2008）。本书所阐述的基于 R 的焦亚方法可以与定量研究如问卷调查或（实验室或现场）实验进行卓有成效的结合，在这些研究中，定量数据的见解可以进一步与被采访人的深入、具体的言语数据相支持和匹配。

我们希望本书能够起到催化剂的作用，特别是通过使用 R 包 RQDA 进一步完善、改进和合法化质性学术研究。

## 参考文献

Chandra, Y. (2016). A rhetoric-orientation view of social entrepreneurship. *Social Enterprise Journal, 12*(2), 161–200.

Chandra, Y., Jiang, L. C., & Wang, C. J. (2016). Mining social entrepreneurship strategies using topic modeling. *PLoS One, 11*(3), e0151342.

Perry, M., & Bodkin, C. (2000). Content analysis of Fortune 100 company Web sites. *Corporate Communications: An International Journal, 5*(2), 87–97.

Short, J. C., & Palmer, T. B. (2008). The application of DICTION to content analysis research in strategic management. *Organizational Research Methods, 11*(4), 727–752.

# 译后记

很荣幸能受邀翻译这本书。本人有时也会做一些访谈类的分析，一直困惑于没有系统和规范的方法，通过阅读和翻译本书，我收获满满。

本书作者基于多年的积累，用深刻的理论框架和丰富的案例教我们如何进行质性分析。没有学过 R 语言的学者也不用恐惧，书中详细地、手把手地教我们如何安装 R 语言和一步步地执行质性研究。本书可以作为质性研究的工具书，放在手边，需要质性分析时，就参照其详细的步骤一步一步进行操作完成。整个质性数据分析的过程需要自己的分类和概括的能力，利用这本书的方法能使质性分析的过程严谨规范，并且可以很美好地呈现出来。

**徐敏亚**

**图书在版编目（CIP）数据**

质性研究：基于 R/（印尼）蔡振荣，商靓著；徐敏亚译．--北京：中国人民大学出版社，2021.7
（管理研究方法丛书）
ISBN 978-7-300-29277-9

Ⅰ.①质… Ⅱ.①蔡… ②商… ③徐… Ⅲ.①社会科学-研究方法 Ⅳ.①C3

中国版本图书馆 CIP 数据核字（2021）第 066602 号

管理研究方法丛书
**质性研究——基于 R**
[印度尼西亚] 蔡振荣
商靓 著
徐敏亚 译
Zhixing Yanjiu——Jiyu R

| | | | |
|---|---|---|---|
| **出版发行** | 中国人民大学出版社 | | |
| **社　　址** | 北京中关村大街 31 号 | **邮政编码** | 100080 |
| **电　　话** | 010－62511242（总编室） | | 010－62511770（质管部） |
| | 010－82501766（邮购部） | | 010－62514148（门市部） |
| | 010－62515195（发行公司） | | 010－62515275（盗版举报） |
| **网　　址** | http://www.crup.com.cn | | |
| **经　　销** | 新华书店 | | |
| **印　　刷** | 北京宏伟双华印刷有限公司 | | |
| **规　　格** | 185 mm×260 mm　16 开本 | **版　　次** | 2021 年 7 月第 1 版 |
| **印　　张** | 8.5 插页 2 | **印　　次** | 2021 年 7 月第 1 次印刷 |
| **字　　数** | 167 000 | **定　　价** | 49.00 元 |

# 教师教学服务说明

中国人民大学出版社管理分社以出版经典、高品质的工商管理、统计、市场营销、人力资源管理、运营管理、物流管理、旅游管理等领域的各层次教材为宗旨。

为了更好地为一线教师服务，近年来管理分社着力建设了一批数字化、立体化的网络教学资源。教师可以通过以下方式获得免费下载教学资源的权限：

在中国人民大学出版社网站 www. crup. com. cn 进行注册，注册后进入“会员中心”，在左侧点击“我的教师认证”，填写相关信息，提交后等待审核。我们将在一个工作日内为您开通相关资源的下载权限。

如您急需教学资源或需要其他帮助，请在工作时间与我们联络：


中国人民大学出版社　管理分社

联系电话：010－82501048，62515782，62515735

电子邮箱：glcbfs@crup. com. cn

通讯地址：北京市海淀区中关村大街甲 59 号文化大厦 1501 室（100872）